JN222546

知的障害教育総論

知的障害教育総論（'25）

©2025　佐藤愼二・高倉誠一

装丁デザイン：牧野剛士
本文デザイン：畑中　猛

o-39

まえがき

　本書は，知的障害のある子どもの教育について取り上げます。現在，わが国の学校教育は，共生社会の形成に向けて，障害等の特別な支援を必要とする子どもも，どの子どもも同じ場で共に学ぶことを追究するとともに，子どもの自立と社会参加を見据えた支援を行うインクルーシブ教育システム構築を目指し，特別支援教育の推進と充実を図っています。

　そのため，「教育振興基本計画」（2023年）においても「一人一人が自分のよさや可能性を認識するとともに，あらゆる他者を価値のある存在として尊重する共生社会を実現していくことが求められる」としています。このような潮流の中で，知的障害のある子どものための特別支援学校や特別支援学級等への期待も大変高まっています。本書は，上述の時代の潮流と要請を受け止めた構成になっています。その特徴について3点触れたいと思います。

　一つは，知的障害教育が蓄積してきた普遍性の高い教育実践の本質を確認している点です。知的障害のある子ども一人ひとりがその持てる力を最大限に発揮し精いっぱい取り組める教育，すなわち，その尊厳と主体性の実現を目指す知的障害教育の教育実践の実際について，具体的に取り上げています。それは，2014年にわが国が批准した「障害者の権利に関する条約」にある人権の尊重の理念にも合致する実践と言えます。知的障害のある子どもが自分から自分で自立的・主体的に取り組む姿の実現を目指す学校教育の追究は本書の底流にある思いです。

　二つ目に，上述の実践を可能にする知的障害教育の特徴について，歴史的な背景，法的な根拠，知的障害教育に独自の各教科，教育課程等，特別支援学校学習指導要領とその解説を踏まえながら，概説しています。その具体的な展開として，教科別に指導する場合だけでなく，各教科等を合わせた指導（生活単元学習，作業学習，日常生活の指導，遊びの指導）の実践事例も掲載しています。また，特別支援学校の教育課程に

独自の指導領域として位置付く自立活動の知的障害教育における考え方や指導のあり方，知的障害特別支援学級についても取り上げています。

　三つ目に，今日的な課題への対応も検討しています。知的障害教育におけるキャリア教育の考え方と実践事例について概説しています。また，交流及び共同学習や一人一台端末時代における ICT 機器の活用，切れ目のない支援には欠かすことのできない個別の教育支援計画に基づく家庭・関係機関との連携の実際を取り上げています。さらに，本書のまとめとして，「社会に開かれた教育課程」等に象徴される学習指導要領の理念の実現に向けた方策を検討しています。

　現行の学習指導要領は，実社会・実生活で生きて働く「生きる力」の育成を目指しています。一方，知的障害教育はその成り立ちから，生活を大切にしてきました。知的障害教育はその理念と実践を先取する教育実践を創造してきたとも言えます。その発展的な展開の先に，自立と共生を目指すインクルーシブな学校教育の実現を期したいと思います。

　なお，本書は放送大学の特別支援学校教諭免許取得に関わる科目に対応しており，知的障害に関する心理・病理・生理及び教育課程・指導法という専門領域の内容を取り上げています。あわせて，先に触れたように，現行の学習指導要領の理念や今日的な課題への対応を概説していますので，現職教員の方々にも，また特別支援教育を学ぶ社会人や学生のみなさんにも役立つ内容になっています。

　執筆は，知的障害特別支援学校等での豊富な現職経験もある，今まさに活躍される先生方にお願いをしました。理論面・実践面で有用性と活用性の高い書籍になりました。本当にありがとうございました。原稿整理や校正に際しては，一梓堂の小野美絵子氏に大変お世話になりました。心から感謝いたします。

2024（令和6）年 10 月

佐藤　愼二　　高倉　誠一

目次

1 | 特別支援教育と知的障害教育の 現状・課題

佐藤愼二

《**目標＆ポイント**》 インクルーシブ教育システム・特別支援教育の理念やその方向性を踏まえ，知的障害のある児童生徒の特別支援学校・特別支援学級等に求められる教育的支援の在り方について課題とともに概説する。
《**キーワード**》 インクルーシブ教育システム，特別支援教育，知的障害

1. 障害者権利条約とインクルーシブ教育システム

　わが国は 2006（平成 18）年に教育基本法を改正し，「国及び地方公共団体は，障害のある者が，その障害の状態に応じ，十分な教育を受けられるよう，教育上必要な支援を講じなければならない」（第 4 条第 2 項）との規定を新設した。また，2014（平成 26）年に「障害者の権利に関する条約」（以下，障害者権利条約と記す）に批准した。同条約は，「全ての障害者によるあらゆる人権及び基本的自由の完全かつ平等な享有を促進し，保護し，及び確保すること並びに障害者の固有の尊厳の尊重を促進することを目的」とするものである。その理念に基づき，障害のある子どもがその持てる力を最大限に発揮し，あわせて，障害のある子どもと障害のない子どもとが共に学ぶ仕組みとしての「インクルーシブ教育システム」が提唱された。

　同条約の批准の過程で，2011（平成 23）年の障害者基本法の改正，2013（平成 25）年の就学先決定に関する学校教育法施行令の改正がなされ

た。さらには，2016（平成 28）年の障害を理由とする差別の解消の推進に関する法律の施行（以下，障害者差別解消法と記す）等，教育・福祉分野を含め，同条約の趣旨を踏まえた大きな制度改正が行われた。

　教育分野では，上述の学校教育法施行令の改正のほか，中央教育審議会初等中等教育分科会の下に「特別支援教育の在り方に関する特別委員会」が設置され，同条約に示された教育理念を実現するための特別支援教育の在り方について審議を行った。2012（平成 24）年には「共生社会の形成に向けたインクルーシブ教育システム構築のための特別支援教育の推進（報告）」（以下，同報告と記す）が取りまとめられた。

　同報告では，インクルーシブ教育システム構築の最も本質的な視点として，「それぞれの子どもが，授業内容が分かり学習活動に参加している実感・達成感を持ちながら，充実した時間を過ごしつつ，生きる力を身に付けていけるかどうか」とした上で，障害のある子どもとない子どもとが同じ場で共に学ぶことを追究するとともに，子どもの自立と社会参加を見据え，その時々の教育的ニーズに最も的確に応える指導を提供できる多様で柔軟な仕組みを整えることが重要であると指摘した。すなわち，小・中学校等の「通常の学級」「通級による指導」「特別支援学級」，そして「特別支援学校」それぞれの機能が協働的に発揮され，子どもたちの多様な教育的ニーズに対応できる柔軟性と連続性のある「多様な学びの場」である。

　このように，同条約に掲げられた理念の実現とインクルーシブ教育システムの構築を目指し，特別支援教育・知的障害教育のさらなる充実が図られている。

2. 共生社会の形成に向けて
―合理的配慮・基礎的環境整備―

（1）共生社会について

　同報告では，共生社会について「これまで必ずしも十分に社会参加できるような環境になかった障害者等が，積極的に参加・貢献していくことができる社会である。それは，誰もが相互に人格と個性を尊重し支え合い，人々の多様な在り方を相互に認め合える全員参加型の社会」と定義した。

　また，現行の各学校種全ての学習指導要領には前文が記され，「一人一人の児童が，自分のよさや可能性を認識するとともに，あらゆる他者を価値のある存在として尊重し，多様な人々と協働しながら様々な社会的変化を乗り越え，豊かな人生を切り拓き，持続可能な社会の創り手となることができるようにする」と記され，まさに，共生社会の形成に向けた学校教育としての決意と覚悟が示されている。

（2）合理的配慮と基礎的環境整備

　共生社会の形成に向けては，同条約が提唱する「インクルーシブ教育システム」を構築する重要性を指摘し，あわせて「個人に必要な『合理的配慮』が提供される等が必要」（同報告）とした。「合理的配慮」は，障害者が他の者との平等を基礎として人権及び基本的自由の享有・行使を保障する重要な理念・方法である。その否定は，障害を理由とする差別であるとする厳しい思想である点も確認したい。

　「基礎的環境整備」とは「障害のある子どもに対する支援については，法令に基づき又は財政措置により，国は全国規模で，都道府県は各都道府県内で，市町村は各市町村内で，教育環境の整備をそれぞれ行

12

う。これらは，『合理的配慮』の基礎となる環境整備であり，それを『基礎的環境整備』と呼ぶこととする。」（同報告）と示されている。たとえば，「合理的配慮」は，個別に提供されるものであるのに対し，「通級による指導，特別支援学級，特別支援学校の設置は，子ども一人一人の学習権を保障する観点から多様な学びの場の確保のための『基礎的環境整備』として行われているものである。」（同報告）としている。

つまり，通常の学級のみならず，通級による指導，特別支援学級，特別支援学校という「基礎的環境整備」を整え，それぞれの場において子どもの教育的ニーズに応じて「合理的配慮」を提供することが求められている。

なお，「基礎的環境整備」という場合，先に触れたような多様な学びの場の整備等の施設設備に限られるものではない。むしろ，ユニバーサルデザインの考え方のように障害の有無にかかわりなく一人でも多くの子どもを包括できるような学級経営や授業づくりをしたり，障害者理解教育を充実させて温かな学級の雰囲気や友達関係づくりに配慮したり，交流及び共同学習を効果的に展開したりすることで，共に尊重し合い協働する気持ちを高める側面も重要である。

3．障害のある子どもの就学支援と「多様な学びの場」

障害のある子どもの学びを多様に支えるインクルーシブ教育システムの実現のためには，子どもの特別な教育的ニーズに応じた学びの場を提案できる就学支援が求められている。「学校教育法施行令の一部改正について（通知）」（2013〈平成 25〉年文部科学省），「障害のある児童生徒等に対する早期からの一貫した支援について（通知）」（2013〈平成 25〉年文部科学省）において，障害のある子どもの就学先の決定に当たっての基本的な考え方が示されている。

　すなわち,「障害のある児童生徒等が, その年齢及び能力に応じ, かつ, その特性を踏まえた十分な教育が受けられるようにするため, 可能な限り障害のある児童生徒等が障害のない児童生徒等と共に教育を受けられるよう配慮しつつ, 必要な施策を講じる」とされ,「乳幼児期を含めた早期からの教育相談の実施や学校見学, 認定こども園・幼稚園・保育所等の関係機関との連携等を通じて, 障害のある児童生徒等及びその保護者に対し, 就学に関する手続等についての十分な情報の提供」を行う重要性が指摘されている。

　さらに,「最終的な就学先の決定を行う前に十分な時間的余裕をもって行うものとし, 保護者の意見については, 可能な限りその意向を尊重しなければならない」とされ, 子ども本人・保護者の意向の尊重が提起されている。かつての就学「指導」から, 本人中心の「就学相談」「就学支援」へと大きな転換がなされたといえよう。

　また, 就学時に決定した「学びの場」は, 決して, 固定化するものではない。つまり, 子どもの様子やその思い, 適応の状況等に応じて, 小・中学校等から特別支援学校への転学, あるいは, その逆を含む双方向での転学もできることを全ての関係者が共通理解する必要がある。

　子どもの成長に応じた教育的支援をより最適化できるように, 小・中学校等の通常の学級, 通級による指導及び特別支援学級や特別支援学校という連続性のある「多様な学びの場」の充実が一層求められている。

　上記のような潮流の中で, 共生社会の形成に向けたインクルーシブ教育システム構築のための特別支援教育の充実が図られている。以降, 知的障害教育を中心に, その現状を概説する。

4. 特別支援教育の現状

（1） 就学前の現状

　公的なデータで確認することはできないが，現在，多くの認定こども園・幼稚園・保育所（以下，保育所等と記す）が特別な支援を要する幼児，障害のある幼児を受け入れつつある。そのため，就学前の知的障害のある幼児の多くは，保育所等に在園していることが多い。一方で，次項で触れる知的障害特別支援学校で就学前の幼児を対象とする幼稚部を設置したり，幼稚園に知的障害特別支援学級を設置したりするケースは少ない。

　乳幼児健康診査等で，知的障害が疑われる場合には，地域の児童発達支援センター等の療育専門機関で支援を受けるか，あるいは，保育所等に通園しながら，療育専門機関で支援を受ける並行通園という形態が多いと思われる。たとえば，週の4日間は保育所等に通園し，1日は療育専門機関に通園することになる。

　上記3に触れたように，何らかの「気づき」があり，子ども本人・保護者の希望があれば，それに応じて，早期からの相談や支援を受ける体制は整いつつある。

　以降では，保育所等卒園後の学齢期から卒業後までの状況を，「多様な学びの場」ごとに確認する。

（2） 知的障害特別支援学校

　特別支援学校は小学校，中学校等と同様な学校種の一つである。市立，国立（独立大学法人の附属校），私立の場合もあるが都道府県立の学校が中心である。学校名称として「～支援学校」「～養護学校」「～学園」という場合もある。

　特別支援学校の対象者は，学校教育法により視覚障害者，聴覚障害者，知的障害者，肢体不自由者，病弱者と定められている。小・中・高等学校とは別に学習指導要領が示され，一人ひとりの自立と社会参加に向けたきめ細かな教育が展開されている。その在籍者数の推移を，特別支援教育が始まった平成 19（2007）年度と令和 4（2022）年度で比較した（表 1-1 と表 1-2）。

　知的障害のある幼児児童生徒を主たる対象とする特別支援学校（以下，知的障害特別支援学校と記す）は，平成 19 年度には設置数 592 校，在籍者数 92,912 人だったものが，令和 4 年度には 814 校，137,801 人になっている。義務教育段階の児童生徒数が大きく減少しているにもかかわらず増加している点は特徴的である。

　なお，肢体不自由の特別支援学校にも，知的障害を伴う幼児児童生徒は少なくない。また，視覚障害，聴覚障害，病弱のそれぞれの特別支援学校においても，知的障害を伴う幼児児童生徒が在籍することもある。

表 1-1　特別支援学校対応障害種別学校数，設置学級基準学級数及び在学者数—国・公・私立計—（文部科学省　特別支援教育資料〈平成 19 年度〉）

	学校数	学級数	在学者数				
			幼稚部	小学部	中学部	高等部	計
視覚障害	校 71	学級 2,066	人 270	人 1,559	人 985	人 2,823	人 5,637
聴覚障害	102	2,647	1,277	2,987	1,796	2,280	8,340
知的障害	592	23,685	225	28,867	21,522	42,298	92,912
肢体不自由	249	11,146	167	13,011	7,570	9,169	29,917
病弱	106	7,004	43	7,615	5,343	5,918	18,919

※この表の学級数及び在学者数は，特別支援学校で設置されている学級を基準に分類したものである。複数の障害種を対象としている学校・学級，また，複数に障害を併せ有する幼児児童生徒については，それぞれの障害種別に重複してカウントしている。

表1-2　特別支援学校対応障害種別学校数，設置学級基準学級数及び在籍者
　　　　数—国・公・私立計—（同　特別支援教育資料〈令和4年度〉）

	学校数	学級数	在籍者数				
			計	幼稚部	小学部	中学部	高等部
	校	学級	人	人	人	人	人
視覚障害	82	2,049	4,764	170	1,515	1,055	2,024
聴覚障害	118	2,768	7,623	945	2,946	1,709	2,023
知的障害	814	32,601	137,801	165	46,142	29,909	61,585
肢体不自由	357	12,196	30,705	81	13,526	7,950	9,148
病弱・身体虚弱	153	7,695	19,360	8	7,590	5,203	6,559

出典：「学校基本調査」（文部科学省）
※この表の学級数及び在籍者数は，特別支援学校で設置されている学級を基準に分類したものである。複数の障害種を対象としている学校・学級，また，複数の障害を併せ有する幼児児童生徒については，それぞれの障害種ごとに重複してカウントしている。

そのため，特別支援学校全体に占める知的障害のある幼児児童生徒の人数はかなり多い。

　知的障害特別支援学校には，小学部，中学部，高等部の3つの学部が設置されることが多い。表にあるように高等部生徒数の割合が高い。それは中学校に在籍していた知的障害のある生徒が高等学校段階から特別支援学校高等部に入学することが多いためと思われる。

　近年では，知的障害の程度が比較的軽い生徒を対象にする高等部のみの特別支援学校を設置することもある。また，高等部のみの分校・分教室として，一般の高等学校と同じ校舎内に設ける等，本校の敷地とは別に設置するケースも見られている。さらにまた，知的障害の程度等も考慮して，高等部内でコース制をとり「職業コース」「生活コース」のようにコース別に教育課程を分ける方式をとるケースも見られる。

　これらはいずれも，比較的軽度の知的障害のある高等部生徒のキャリア教育・職業教育・就労支援の充実が意図されていることが多い。ま

た，分校・分教室の設置は，障害のない生徒との日常的な交流，つまり，場を共有するよりインクルーシブな環境づくりを意図していると考えられる。

　次に，高等部卒業後の進路状況を表1-3で確認する。

　企業等における雇用形態の幅の広がりやキャリア教育・就労支援の充実により，一般就労は微増傾向にあるが近年30%台で推移している。希望者全員が一般就労するには至っていない現状がある。

表1-3　特別支援学校高等部（本科）卒業後の状況—国・公・私立計—
（同　特別支援教育資料〈令和4年度〉）

【令和4年3月卒業者】

区分		卒業者	進学者	教育訓練機関等	就職者等		社会福祉施設等入所・通所者	その他
						臨時労働者		
特別支援学校高等部（本科）	計	人 21,191 (100.0%)	人 399 (1.9%)	人 337 (1.6%)	人 6,342 (29.9%)	人 48 (0.2%)	人 12,943 (61.1%)	人 1,122 (5.3%)
	視覚障害	232 (100.0%)	86 (37.1%)	10 (4.3%)	25 (10.8%)	1 (0.4%)	84 (36.2%)	26 (11.2%)
	聴覚障害	442 (100.0%)	168 (38.0%)	34 (7.7%)	132 (29.9%)	（——）	96 (21.7%)	12 (2.7%)
	知的障害	18,489 (100.0%)	81 (0.4%)	244 (1.3%)	6,043 (32.7%)	46 (0.2%)	11,140 (60.3%)	935 (5.1%)
	肢体不自由	1,684 (100.0%)	47 (2.8%)	25 (1.5%)	84 (5.0%)	1 (0.1%)	1,418 (84.2%)	109 (6.5%)
	病弱・身体虚弱	344 (100.0%)	17 (4.9%)	24 (7.0%)	58 (16.9%)	（——）	205 (59.6%)	40 (11.6%)

出典：「学校基本調査」（文部科学省）
※進学者は，大学（学部），短期大学（本科），大学・短期大学の通信教育部及び放送大学（全科履修生），大学・短期大学（別科），高等学校（専攻科）及び特別支援学校高等部（専攻科）へ進学した者の計。
※教育訓練機関等は，専修学校（専門課程）進学者，専修学校（一般課程）等入学者及び公共職業能力開発施設等入学者の計。
※就職者等は，自営業主等，常用労働者（無期雇用労働者，有期雇用労働者），臨時労働者の計。
※社会福祉施設等入所・通所者は，児童福祉施設，障害者支援施設等及び医療機関の計。
※その他は，家事手伝いをしている者，外国の学校に入学した者，進路が未定であることが明らかな者及び不詳・死亡の者等の計。
※上段は人数，下段は卒業者に対する割合。四捨五入のため，各区分の比率の計は必ずしも100%にならない。

（3） 知的障害特別支援学級

　「多様な学びの場」の一つとして機能する特別支援学級（第11章）は，学校教育法第81条第2項に基づき，障害等のある児童生徒を対象に，小・中学校等に設けることができる少人数の学級である。特別支援学級の教育課程については，学校教育法施行規則第138条により，在籍する児童生徒に合わせた特別な教育課程によることができる。

　知的障害特別支援学級は平成19年度には20,467学級，在籍者数66,711人だったものが，令和4年度には32,432学級，156,661人（約2.3倍）となっている。なお，自閉症・情緒障害特別支援学級にも知的障害のある子どもが在籍していることもあるため，その推移を確認する

表1-4　特別支援学級数，特別支援学級在籍児童生徒数及び担当教員数
**　　　　—国・公・私立計—　（同　特別支援教育資料〈平成19年度〉）**

障害種別	小学校		中学校		合計	
	学級数	児童数	学級数	生徒数	学級数	児童生徒数
知的障害	学級 13,736	人 44,228	学級 6,731	人 22,483	学級 20,467	人 66,711
肢体不自由	1,772	3,015	617	976	2,389	3,991
病弱・ 身体虚弱	716	1,346	292	480	1,008	1,826
弱視	194	245	67	85	261	330
難聴	473	865	214	343	687	1,208
言語障害	344	1,223	58	87	402	1,310
情緒障害	9,062	27,934	3,665	10,067	12,727	38,001
総計	26,297	78,856	11,644	34,521	37,941	113,377
担当教員数	27,900 人		12,469 人		40,369 人	

※中等教育学校の特別支援学級は無し。

表1-5　特別支援学級数，特別支援学級在籍者数，担当教員数及び特別支援学級設置学校数—国・公・私立計—（同　特別支援教育資料〈令和4年度〉）

障害種別	小学校		中学校		義務教育学校		計	
	学級数	児童数	学級数	生徒数	学級数	生徒数	学級数	児童生徒数
知的障害	学級 22,141 (41.6%)	人 108,802 (43.5%)	学級 9,953 (43.9%)	人 46,367 (46.5%)	学級 338 (43.2%)	人 1,492 (45.3%)	学級 32,432 (42.3%)	人 156,661 (44.3%)
肢体不自由	2,295 (4.3%)	3,353 (1.3%)	832 (3.7%)	1,134 (1.1%)	32 (4.1%)	52 (1.6%)	3,159 (4.1%)	4,539 (1.3%)
病弱・ 身体虚弱	2,026 (3.8%)	3,181 (1.3%)	914 (4.0%)	1,487 (1.5%)	28 (3.6%)	38 (1.2%)	2,968 (3.9%)	4,706 (1.3%)
弱視	401 (0.8%)	461 (0.2%)	153 (0.7%)	172 (0.2%)	4 (0.5%)	5 (0.2%)	558 (0.7%)	638 (0.2%)
難聴	968 (1.8%)	1,364 (0.5%)	418 (1.8%)	563 (0.6%)	15 (1.9%)	18 (0.5%)	1,401 (1.8%)	1,945 (0.6%)
言語障害	538 (1.0%)	1,113 (0.4%)	143 (0.6%)	202 (0.2%)	6 (0.8%)	16 (0.5%)	687 (0.9%)	1,331 (0.4%)
自閉症・ 情緒障害	24,898 (46.7%)	132,061 (52.8%)	10,257 (45.2%)	49,887 (50.0%)	360 (46.0%)	1,670 (50.7%)	35,515 (46.3%)	183,618 (52.0%)
総計	53,267	250,335	22,670	99,812	783	3,291	76,720	353,438
相当教員数	人 56,660		人 24,858		人 839		人 82,357	
設置学校数	校 16,455		校 7,959		校 157		校 24,571	

出典：「学校基本調査」（文部科学省）
※中等教育学校の特別支援学級はなし。

　と，平成19年度は12,727学級，38,001人であったが，令和4年度には35,515学級，183,618人とその在籍者数は4.8倍になっている。

　表でも明らかなように，義務教育年齢層の児童生徒の在籍者数では，特別支援学校を大きく上回っている。知的障害教育を担う特別支援学級の役割は大きい。しかし，特別支援学級の担任については，〇数年間の短期間に担任が交代することが多い，〇初めて特別支援学級を担任する新任者が増えている，〇特別支援学校教諭免許状の保有率は特別支援学校（全障害種）で86.5%であるのに対して，特別支援学級（全障害種）

で 31.1%（令和 3 年度），○臨時的任用教員の割合を小学校で見ると通常の学級担任が 11.49% であるのに対して，特別支援学級（全障害種）は 23.69%（『特別支援教育を担う教師の養成の在り方等に関する検討会議報告』）であり 2 倍になっている等が指摘されている。

　設置数が少ない特別支援学校は子どもの自宅から遠方にあることも多いが，特別支援学級は地元の小・中学校等に設置されているという特徴もある。そのため，「多様な学びの場」の中でも重要な役割を果たしている。特別支援学級担当教員の専門性や担当資格，継続性，研修のあり方など効果的な方策等が強く求められている。

（4）通級による指導

　通級による指導は，学校教育法施行規則第 140 条及び第 141 条に基づき行われ，通常の学級に在籍しながら通級指導教室において「特別な指導」を受ける指導形態である。小・中学校では週に 1 単位時間から 8 単位時間程度とされている。現在，知的障害は通級指導教室による指導の対象ではないが，その在籍者数の変化を見ると，そのニーズの大変な高まりが確認できる。

　なお，先に触れたとおり，知的障害のある児童生徒は，現行制度においては通級による指導の対象となっていない。その理由として，知的障害による学習上又は生活上の困難の改善・克服に必要な指導は，生活に結びつく実際的・具体的な内容を継続して指導することが必要であることから，一定の時間のみ取り出して行うことにはなじまないこと等が指摘されている。

　しかし，「通常の学級に在籍する障害のある児童生徒への支援の在り方に関する検討会議報告」（令和 5 年，文部科学省）にあるように，知的障害を対象とした通級による指導については，研究事業の検証も踏ま

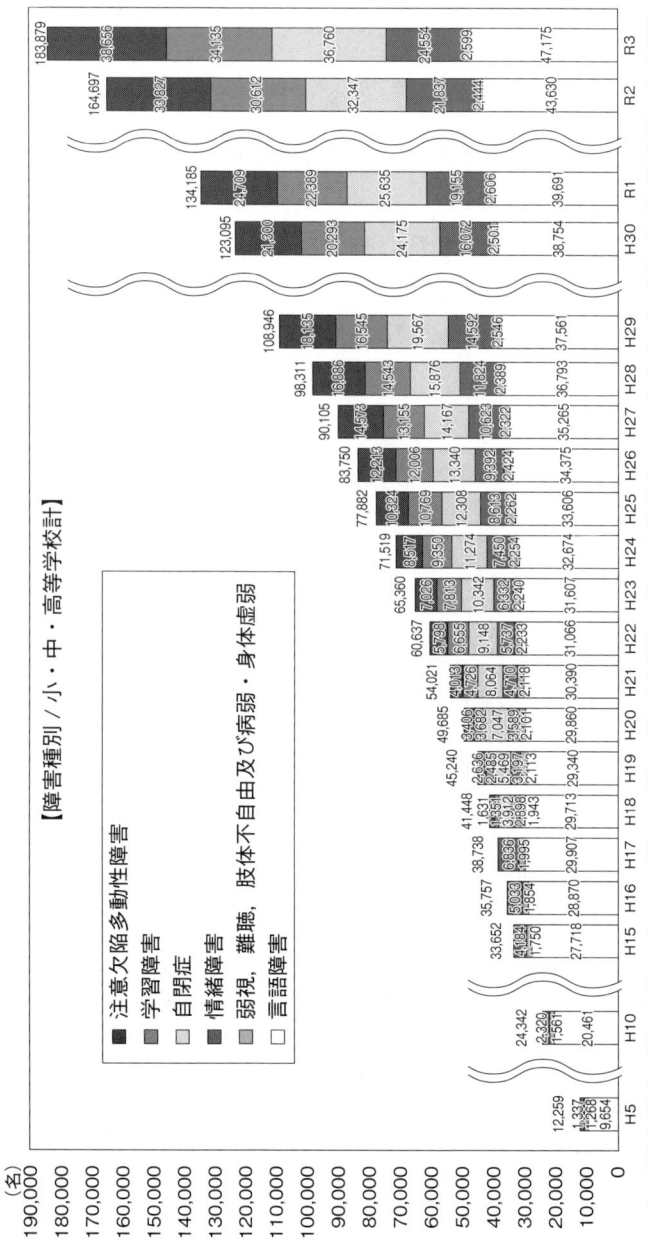

※令和 2 年度及び令和 3 年度の数値は、3 月 31 日を基準とし、通年で通級による指導を実施した児童生徒数について調査。その他の年度の児童生徒数は年度 5 月 1 日現在。
※注意欠陥多動性障害」及び「学習障害」は、平成 18 年度から通級による指導の対象として学校教育法施行規則に規定し、併せて「自閉症」も平成 18 年度から対象として明示（平成 17 年度以前は主に「情緒障害」の通級による指導の対象として対応）。
※平成 30 年度から、国立・私立学校を含めて調査。
※高等学校における通級による指導は平成 30 年度開始であることから、高等学校については平成 30 年度から計上。
※小学校には義務教育学校前期課程、中学校には義務教育学校後期課程及び中等教育学校前期課程、高等学校には中等教育学校後期課程を含める。

図 1－1　通級による指導を受けている児童生徒数－国公私別－（同　特別支援教育資料〈令和 4 年度〉）

え，インクルーシブな学校運営モデル（※後述）において実現する方向
性が検討されている。

（5）通常の学級に在籍する知的障害のある児童生徒

　「学校教育法施行令第22条の3に規定する障害の程度に該当し特別
な教育的支援を必要とする児童生徒に関する調査」（※当該規定は「特
別支援学校」が対象とする障害の程度を示している）によると，知的障
害のある全国の新1年生の424名（小学校250名，中学校174名）が通
常の学級に在籍している（『令和4年度　特別支援教育に関する調査結
果について』）。なお，これはあくまでも新1年生の数値であり，各学年
に上記規定に該当する知的障害のある児童生徒が在籍していると思われ
る。また，「特別支援学級」が対象とする障害の程度と判断された児童
生徒が通常の学級に在籍している例もあることから，正確な把握はされ
ていない。

　通常の学級に在籍する児童生徒への支援については，知的障害特別支
援学校のセンター的機能の活用，特別支援学級の専門性，特別支援教育
支援員の配置，合理的配慮の検討など，さらなる充実を図ることが求め
られる。

　以上のように，知的障害教育はその対象となる児童生徒が増えてい
る。それは共生社会の実現に向けた障害理解の深まり，特別支援教育・
知的障害教育への期待の表れと受け止めたい。十分には意思を伝えにく
い知的障害のある子どもたちの思いに添ったよりよい教育実践が強く求
められている。

　一方で，知的障害特別支援学校は都市部を中心に教室不足が解消され
ていない。知的障害特別支援学校，知的障害特別支援学級ともに教員・
特別支援教育支援員等の確保，教員の専門性の保障等の人的・物的資源

の質・量の維持・向上への課題は少なくない。

5．今後に向けて─共生社会の形成に向けて─

　共生社会の形成に向けたインクルーシブ教育システム時代における知的障害教育は，知的障害のある子どもとない子どもとが同じ場で共に学ぶことを追究するとともに，子どもの自立と社会参加への確かな支援がより一層求められる。共生社会の形成に向けた今後の知的障害教育のありようについて次の二点を指摘する。

　一つは交流及び共同学習（第13章）と心のバリアフリー教育の推進である。障害者基本法第16条において「国及び地方公共団体は，障害者である児童及び生徒と障害者でない児童及び生徒との交流及び共同学習を積極的に進めることによって，その相互理解を促進しなければならない」と明確に示されている。特別支援学校と通常の学校との学校間の交流及び共同学習，小・中学校内における特別支援学級と通常の学級の交流及び共同学習の充実はいうまでもない。今後は特別支援学校に在籍する障害のある子どもの居住地にある小・中学校に副次的に籍を置き，その小・中学校で交流及び共同学習を展開する形態も含めて，今後の検討が求められている。

　あわせて「学校における交流及び共同学習の推進について～『心のバリアフリー』の実現に向けて～」，「心のバリアフリーノートについて」等の報告や取組にあるように，小・中・高等学校における障害者理解教育と交流及び共同学習の一体的な充実も時代の要請となっている。

　二つ目は先に触れたインクルーシブな学校運営モデルの検討・創設である。小・中・高等学校における特別支援学校の分校や分教室の設置が各地で進んでいる。その発展的な展開として，よりインクルーシブで，多様な教育的ニーズに柔軟に対応し，障害のある児童生徒の学びの場の

連続性を高めるため，特別支援学校を含めた2校以上の学校を一体的に運営する学校形態である。このような学校モデルは共生社会の形成に向けての大きな示唆となるものであり，今後の展開が期待される。

　上記のような問題意識も踏まえつつ，第2章以降では，知的障害の特徴やそれに応じる知的障害教育の基本，教育実践のあり方について詳述する。

　なお，本書では学習指導要領関係の記載については，第2章以降は以下のように示す。

「特別支援学校幼稚部教育要領　小学部・中学部学習指導要領」

　→「特別支援学校学習指導要領」

「特別支援学校教育要領・学習指導要領解説　総則編（幼稚部・小学部・中学部）」

　→「解説総則編」

「特別支援学校学習指導要領解説　各教科等編（小学部・中学部）」

　→「解説各教科等編」

「特別支援学校教育要領・学習指導要領解説　自立活動編（幼稚部・小学部・中学部）」

　→「解説自立活動編」

　また，「特別支援学校高等部学習指導要領とその解説」についても，特に，言及がない場合は同趣旨の記載があるものとする。

学習課題

1．「障害者権利条約」「障害者差別解消法」「インクルーシブ教育システム」等について，インターネット等を活用してさらに調べてみよう。
2．本章の表を参照し，特別支援教育・知的障害教育の対象となる児童生徒の数がなぜ増えているのかを考えてみよう。
3．近隣にある知的障害特別支援学校のホームページを確認してみよう。

参考文献

文部科学省「就学事務 Q&A　5．障害のある子供の就学先決定について」
　https://www.mext.go.jp/a_menu/shotou/shugaku/detail/1422234.htm
文部科学省『特別支援教育資料（平成 19 年度）』2008
文部科学省『特別支援教育資料（令和 4 年度）』2024
特別支援教育を担う教師の養成の在り方等に関する検討会議『特別支援教育を担う教師の養成の在り方等に関する検討会議報告』2022
文部科学省『令和 4 年度　特別支援教育に関する調査結果について』2023
心のバリアフリー学習推進会議『学校における交流及び共同学習の推進について〜「心のバリアフリー」の実現に向けて〜』2018
文部科学省『心のバリアフリーノートについて』2019

2 | 知的障害のある児童生徒の心理・生理・病理

坂本　裕

《**目標＆ポイント**》　知的障害の定義，その適用の前提条件，病因，学習上の特性を理解する。その理解を踏まえて，知的障害のある児童生徒の学習への配慮と求められる知的障害教育の教育実践のあり方を学ぶ。
《**キーワード**》　知的障害の定義，病因，学習上の特性，教育実践との関連

1. 知的障害の定義

　知的障害の定義は，AAIDD（American Association on Intellectual and Developmental Disabilities：米国知的・発達障害協会）によって，10 年に一度改訂される定義が国際的な定義の一つとなっている。2021 年に示された第 12 版において，知的障害は表 2−1 のように定義されている。

表 2−1　知的障害の定義（AAIDD，2021）

> 　知的障害は，知的機能と適応行動（概念的・社会的および実用的な適応スキルによって表される）の双方の明らかな制約によって特徴づけられる。この能力障害は 22 歳までと定義される発達期に発現する。

　発現の時期は第 11 版では 18 歳までであったが，第 12 版では 22 歳までとなった。この変更は，人の脳の多くの重要な領域が成人初期まで発達・成長しているという脳科学の最新の知見に基づくものとされてい

る。なお，米国においては，発達障害権利擁護法（The DD Act〈Public Law 106-402〉）等においても同様に 22 歳とされている。

　わが国においては，知的障害の定義は示されていない。しかし，教育分野においては，文部科学省（2018b）は AAIDD の知的障害の定義を取り入れ，知的障害を表 2-2 のように説明している。

表 2-2　知的障害についての説明（文部科学省，2018b）

　知的障害とは，知的機能の発達に明らかな遅れと，適応行動の困難性を伴う状態が，発達期に起こるものを言う。

　「知的機能の発達に明らかな遅れ」がある状態とは，認知や言語などに関わる精神機能のうち，情緒面とは区別される知的面に，同年齢の児童生徒と比較して平均的水準より有意な遅れが明らかな状態である。「適応行動の困難性」とは，他人との意思の疎通，日常生活や社会生活，安全，仕事，余暇利用などについて，その年齢段階に標準的に要求されるまでには至っていないことであり，適応行動の習得や習熟に困難があるために，実際の生活において支障をきたしている状態である。「伴う状態」とは，「知的機能の発達に明らかな遅れ」と「適応行動の困難性」の両方が同時に存在する状態を意味している。知的機能の発達の遅れの原因は，概括的に言えば，中枢神経系の機能障害であり，適応行動の困難性の背景は，周囲の要求水準の問題などの心理的，社会的，環境的要因等が関係している。「発達期に起こる」とは，この障害の多くは，胎児期，出生時及び出生後の比較的早期に起こることを表している。発達期の規定の仕方は，必ずしも一定はしないが，成長期（おおむね 18 歳）までとすることが一般的である。

　適応行動の面では，次のような困難さが生じやすい。

　○概念的スキルの困難性

　　言語発達：言語理解，言語表出能力など

　　学習技能：読字，書字，計算，推論など

　○社会的スキルの困難性

　　対人スキル：友達関係など

　　社会的行動：社会的ルールの理解，集団行動など

　○実用的スキルの困難性

　　日常生活習慣行動：食事，排泄，衣服の着脱，清潔行動など

　　ライフスキル：買い物，乗り物の利用，公共機関の利用など

　　運動機能：協調運動，運動動作技能，持久力など

　知的障害の AAIDD の定義，そして，文部科学省の説明において必ず押さえておくべき点は，知的障害を「知的機能の明らかな制約（知的機能の発達に明らかな遅れ）」に加えて，「適応行動の明らかな制約（適応行動の困難性）」も併せ有する状態としている点である。知的障害の名称からその制約を「知的機能の明らかな制約（知的機能の発達に明らかな遅れ）」のみに限定して理解するようなことが決してあってはならない。

　また，文部科学省の説明にある「精神機能のうち，情緒面とは区別される知的面」の的確な理解も不可欠となる。太平洋戦争終戦間もない頃，わが国の知的障害教育におけるバイブル的な指導書であった『精神薄弱児[注]の教育』（Martens, E., 1950）には表 2-3 のような記述がある。

表 2-3　知的障害児の情緒のあり様（Martens, E., 1950）

> 　情緒的な経験について言えば，精神薄弱児も普通の人間の情緒をもっている。かれらも「感情をもっている」のである。その感情は知的能力のちがいほどに異なるものではない。普通の者と同様に腹がすき，のどが渇く。その願望が満たされたり満たされなかったりするのに応じて，うれしくもなり，悲しくもなる。愛情や失望，およそ普通の人に見られる情緒的経験はすべてある。

　知的障害を理解する上において，情緒面にはなんら制約がないことを常に明確に意識しておかねばならない。

　そして，「適応行動」は，余暇利用も含み幅広く捉えられており，「実際の生活において支障をきたしている状態」であることから，社会参加への対応が前提となるものである。さらに，その背景には「周囲の要求

注　現在の知的障害児にあたる当時の用語。

水準の問題などの心理的，社会的，環境的要因等が関係している」こと
から，知的障害とは個人と社会の関係性から理解する社会モデルから障
害の状態を理解すべきことがわかる。

　このことからも，教育，すなわち，学校の実践においては，ADL
（生活技能）の獲得を意図した訓練的対応に終始することなく，児童生
徒の学校生活全般における QOL（生活の質）の高まりを求める支援的
対応がなければ，その務めを果たしているとはいえない。

　なお，AAIDD は知的障害の定義の適用においては表2-4の5つが
その前提となるとしている。

表2-4　知的障害の適用における前提条件（AAIDD, 2021）

> 1. 今ある機能の制約は，その人と同年齢の仲間や文化的に典型的な地域
>   社会の状況の中で考慮されなければならない。
> 2. アセスメントが妥当であるためには，コミュニケーション，感覚，運
>   動および行動要因の差はもちろんのこと，文化的，言語的な多様性を
>   考慮しなければならない。
> 3. 個人の中には，制約と強さが共存していることが多い。
> 4. 制約を記述する重要な目的は，必要とされる支援プロフィールを作り
>   出すことである。
> 5. 長期にわたる適切な個別支援によって，知的障害がある人の生活技能
>   は全般的に改善するだろう。

　知的障害をはじめとする障害のある人たちの生活の場は，50年ほど
前まで，衣食住を施すための人里離れて設けられた大規模施設等が主流
であった。しかし，現在では，ノーマライゼーション思想の広まり等に
より，家族や友達，同僚，知人等と共に生活することができる家庭や市
街地のグループホーム等が主流となった。そのため，その障害からの制
約への対応は，学校や病院にとどめることなく，地域社会の中での生活

を標準と考えての対応となってきている。

　また，アセスメントは，その人の持てる力をより発揮できるように，わが国においても，その人の居住地域の生活習慣や文化，方言，言語等をも考慮して行わなければならない。

　そして，その人の制限（limitation），すなわち，苦手なことのみに目を向けることなく，強さ（strengths），すなわち，その人ができそうなことやできつつあることに目を向ける構えが基本となる。なお，苦手なことを書き示す必要があるとすれば，それは，その人にとって欠くことのできない支援計画を立案する時に限定されることも理解しておく必要がある。後述するが，苦手なことを指摘することが知的障害教育における教員の専門性であるかのような行為は決して行ってはならない。

　さらに，知的障害者の支援は短期でその成果が現れることは少なく，長期にわたる適切な個別支援に基づく適切な経験を積み重ねる中で，社会生活に必要な技能の緩やかな獲得と向上に対する期待を強くもち続けることがその教育や支援に携わる者の心底になければならない。

2．知的障害の病因

　知的障害の病因は，生物医学的因子，社会的因子，行動的因子，教育的因子といった4つの危険因子からなる多因子構成概念として概念化されている（AAIDD, 2010）。そして，各時期における各危険因子の主だった要因が表2−5のように挙げられている。

　これらの因子・要因は時期を越えて相互に作用し，人の全般的機能に影響を及ぼすものとされている（AAIDD, 2010）。そうしたことからも，知的障害の病因を特定するためには，受胎から出生後までについての病歴，該当者，家族，学校（職場）環境，地域社会，文化的環境についての心理社会的評価，特定の身体特徴を見いだす身体的診察，病歴と

表2-5　知的障害の危険因子（AAIDD，2010）

時期	生物医学的因子	社会的因子	行動的因子	教育的因子
出生前	1.染色体異常 2.単一遺伝子疾患 3.症候群 4.代謝疾患 5.脳の発生異常 6.母親の疾患 7.親の年齢	1.貧困 2.母親の栄養不良 3.ドメスティックバイオレンス 4.出生前ケアの未実施	1.親の薬物使用 2.親の飲酒 3.親の喫煙 4.未成年の親	1.支援がない状況下での親の認知能力障害 2.親になる準備の欠如
周産期	1.未熟性 2.分娩外傷 3.新生児期の疾患	1.出生前ケアの未実施	1.親による養育拒否 2.親による子どもの放棄	1.退院後の福祉的支援への医療側からの紹介の欠如
出生後	1.外傷性脳損傷 2.栄養不良 3.髄膜脳炎 4.発作性疾患 5.変性疾患	1.養育者との不適切な相互作用 2.適切な養育刺激の欠如 3.家族の貧困 4.家族の慢性疾患 5.施設収容	1.子ども虐待とネグレクト 2.ドメスティックバイオレンス 3.子の安全に無頓着 4.社会的剥奪 5.育てにくい気質の子どもの行動	1.不適切な育児 2.診断の遅れ 3.早期介入支援が不十分 4.特別支援教育が不十分 5.家族支援が不十分

身体的診察からの資料の評価から追加される臨床検査を通し，できる限りの危険因子を明らかにする必要がある。

3．知的障害のある児童生徒の学びの姿

　文部科学省（2018b）は知的障害のある児童生徒には次のような学習上の特性があるとしている。

表2-6　知的障害のある児童生徒の学習上の特性（文部科学省，2018b）

> 　知的障害のある児童生徒の学習上の特性としては，学習によって得た知識や技能が断片的になりやすく，実際の生活の場面の中で生かすことが難しいことが挙げられる。そのため，実際の生活場面に即しながら，繰り返して学習することにより，必要な知識や技能等を身に付けられるようにする継続的，段階的な指導が重要となる。児童生徒が一度身に付けた知識や技能等は，着実に実行されることが多い。
>
> 　また，成功経験が少ないことなどにより，主体的に活動に取り組む意欲が十分に育っていないことが多い。そのため，学習の過程では，児童生徒が頑張っているところやできたところを細かく認めたり，称賛したりすることで，児童生徒の自信や主体的に取り組む意欲を育むことが重要となる。
>
> 　更に，抽象的な内容の指導よりも，実際的な生活場面の中で，具体的に思考や判断，表現できるようにする指導が効果的である。

　こうした知的障害のある児童生徒の学習上の特性への対応は，般化の困難さ，自己効力感の低さ，9歳の壁といった知的障害児が示す心理的特性への対応となる。

　般化の困難さ，すなわち，「学習によって得た知識や技能が断片的になりやすく，実際の生活の場面の中で生かすことが難しい」ため，一度身につけた知識や技能を着実に行えるように，実際の生活に生かす場面を織り込んだ授業計画とする。

　自己効力感の低さ，すなわち，「成功経験が少なく，主体的に活動に取り組む意欲が育っていない」ため，自信や主体的に取り組む意欲を育むことができるよう，継続的，段階的な指導によって成功体験の連続となるように学習を進めていく。

　9歳の壁，すなわち，『抽象的な内容の指導よりも具体的に思考や判

断，表現できるようにする指導が効果的である』ため，教科ごとに教科書を使った学習よりも，実際的な生活場面の中で，具体的な内容の学習を繰り返して行うようにする。

　このように，知的障害のある児童生徒をその心理的特性から理解し，日々の教育実践を検討・計画・実施・評価していくことが不可欠となる。

4．知的障害のある児童生徒との教育実践

（1）子どもの見取り（アセスメント）

　知的障害特別支援学校や知的障害特別支援学級の担任となり，授業実践を考えていく際，児童生徒の“できないこと”や“難しいこと”にどうしても目が向きがちである。それどころか，児童生徒の“できないこと”や“難しいこと”を指摘することを特別支援教育の専門性であるかのように履き違えているような教師もいる。しかし，知的障害特別支援学校や知的障害特別支援学級は，通常の学級では力を存分に発揮しにくい児童生徒が，その持てる力を十分に発揮できる教育の場となり得なければその存在意義はなくなる。

　そのため，知的障害のある児童生徒が教師と共にその持てる力を十分に発揮できるよう，その子の“できそうなこと”や“できつつあること”を把握することが何にもまして重要となる。

　その際，ややもすると障害があるために見えづらくなっているその子らしさを理解しようとする構えが表2-7のようにとても大切となる。

表2-7　教師による実態把握における留意点（文部科学省，2018b）

> 　個々の児童生徒の実態を考える場合，障害の状態とそれに起因する発達の遅れのみに目が向きがちであるが，それ以外にも情報活用能力などの学習の基盤となる資質・能力，主体的に学習に取り組む態度も含めた学びに向かう力，適性，さらには進路などの違いにも注目していくことが大切である。

　そして，教室での学習活動のみを観察し，問題を挙げるような短絡的な見取りであってはならない。その子どもが得意とする情報の受け取り方，主体的な学びの構え，そして，将来の生活も考えての見取りでなければ，豊かな教育実践とはならない。

（2）児童生徒と教師の関係性

　知的障害のある児童生徒との学校生活においては「成功経験が少ないことなどにより，主体的に活動に取り組む意欲が十分に育っていないことが多い」という学習上の特性への支援が重要となる。そのため，知的障害教育に携わる教師には表2-8のような心構えが不可欠とされている。

表2-8　教師の教育活動における心構え（文部科学省，2018b）

> ・児童（生徒）の様子を逐次把握したり，適切な師範を示したりすることができるように，教師と児童（生徒）が共に活動するとともに，
> ・指導の過程において，事前の指導計画に沿わない場合も想定し，児童（生徒）の学習状況に応じて柔軟に活動を修正したり，発展させたりする工夫も大切である。
>
> 　　　　　　　　　　　　　　　　　　　　　　　　　　　　（筆者一部編集）

　障害のない児童生徒の教育の場では"失敗から学ぶことも多い"とされ，これから取り組むことを失敗することが予見できたとしても"まずは一人でやらせてみて"とする教育方法が採られることが少なくない。しかし，「成功経験が少ないことなどにより，主体的に活動に取り組む意欲が十分に育っていないことが多い」とされる知的障害のある児童生徒には，失敗経験を糧としての発展的な取り組みはなかなか期待しづらいものがある。そのため，"成功体験"の連続となるように児童生徒と共に取り組む教師の心構えが不可欠になる。加えて，知的障害教育では

生活で活用できる"実用性"の高い各教科内容を合わせて指導すること
が多いため，授業（単元）計画を児童生徒の様子に応じて修正したり，
発展させたりする教師の闊達な構えも大切になる。こうしたことが可能
となるのは，特別支援学校の授業時数の扱いが表 2−9 のように大枠な
ものとなっており，各学校にかなりの裁量が認められているからであ
る。

表 2−9　特別支援学校における授業時数の取り扱い（文部科学省，2018a）

> 　特別支援学校の小学部又は中学部の各学年における年間の総授業時数に
> ついては，小学校又は中学校の各学年の年間の総授業時数に準じるものと
> している。

（3）指導内容・計画

　知的障害教育の各教科の内容については，小学校，中学校，高等学校
の各教科と比して，生活に必要な内容で構成されており，生活の質を高
めることに資する実用性の高い教科である。また，表 2−10 のように，
各々の教科の中で段階的に発展する構成がとられている。

表 2−10　知的障害教育の各教科の段階的・発展的構成（文部科学省，2018b）

> 　児童生徒の成長とともに，生活したり，学習したりする場やその範囲が
> 広がっていくことや，それらのことと関連して，児童生徒が，注意を向け
> たり興味や関心をもったりする段階から，具体的な事物について知り，物
> の特性の理解や目的をもった遊びや行動ができる段階，場面や順序などの
> 様子に気付き教師や友達と一緒に行動したりすることから，多様な人との
> 関わりをもてるようにしていく段階などを念頭に置き，より深い理解や学
> 習へと発展し，学習や生活を質的に高めていくことのできる段階の構成と
> している。

　そして，各教科等を合わせた指導，教科別の指導，道徳科，外国語活動，特別活動，自立活動の時間を設けて行う指導の，いずれの指導の形態においても，表2−11のように児童生徒の興味や関心，生活を大切にすることになる。

表2−11　教科別に指導を行う場合の留意点（文部科学省，2018b）

> ①　教科別に指導を行う場合
> 　指導を行う教科やその授業時数の定め方は，対象となる児童生徒の実態によっても異なる。したがって，教科別の指導を計画するに当たっては，教科別の指導で扱う内容について，一人一人の児童生徒の実態に合わせて，個別的に選択・組織しなければならないことが多い。その場合，一人一人の児童生徒の興味や関心，生活年齢，学習状況や経験等を十分に考慮することが大切である。　　　　　　　　　　　　　　　（筆者一部編集）

表2−12　特別の教科「道徳」の留意点（文部科学省，2018b）

> ア　特別の教科　道徳
> 　道徳科の指導に当たっては，個々の児童生徒の興味や関心，生活に結び付いた具体的な題材を設定し，実際的な活動を取り入れたり，視聴覚機器を活用したりするなどの一層の工夫を行い，児童生徒の生活や学習の文脈を十分に踏まえた上で，道徳的実践力を身に付けるよう指導することが大切である。　　　　　　　　　　　　　　　　　　　　（筆者一部編集）

表2−13　外国語活動の留意点（文部科学省，2018b）

> イ　外国語活動
> 　個々の児童の興味や関心，生活に結び付いた具体的な題材を設定し，児童の発達の段階に考慮した内容を工夫するなどしていくことが大切である。　　　　　　　　　　　　　　　　　　　　　　　　　（筆者一部編集）

表 2 - 14　各教科等を合わせて指導を行う場合の留意点（文部科学省，2018b）

> ③　各教科等を合わせて指導を行う場合
> 　知的障害者である児童生徒に対する教育を行う特別支援学校においては，児童生徒の学校での生活を基盤として，学習や生活の流れに即して学んでいくことが効果的である。
> 　　　　　　　　　　　　　　　　　　　　　　　　　　　（筆者一部編集）

　小学校・中学校・高等学校の学習指導要領に示された各教科では，生きる力として「何ができるようになるか」を明確化することが求められている。一方，その達成を全国学力・学習状況調査や大学入学共通テストにて全国一斉に測ることも可能な側面をもつ。

　それに対し，知的障害教育の各教科は，これまでも述べてきたように，児童生徒の興味や関心，生活年齢，生活の文脈・流れを捉え，指導内容・計画に具現化できる教師の力量があって初めて授業実践できる教科である。よって，前述したように，児童生徒の様子によって「柔軟に活動を修正したり，発展させたり」することができる力量も知的障害教育における教師に求められることといえる。

（4）指導の評価

　知的障害教育は"実用性"の高い指導内容を，"生活"を大切にして展開していく。そのため，その評価についても，表 2 - 15 のように"実用性"の視点から行うことになる。

表 2 - 15　知的障害教育の指導の留意点（文部科学省，2018b）

> 　学校で学習した内容については，家庭生活を含む日常生活の様々な場面で，学習した内容を深めたり，生活の範囲を広げたり，生活を高めたりすることにつながるよう指導することが重要である。

　「深めたり」「広げたり」「高めたり」は知的障害のある児童生徒の学びの姿の一つである「学習によって得た知識や技能が断片的になりやすく，実際の生活の場面の中で生かすことが難しい」特徴に呼応したものである。ただし，こうした視点から，評価は児童生徒の学びそのものを評価するよりも，教師の指導方法を評価の対象とするものといえる。これについては，表2−16のように示されている。

表2−16　知的障害教育における指導の評価の観点（文部科学省，2018b）

> 　学習した内容を実際の生活で十分に生かすことができるようにするためには，実際の生活や学習場面に即して活動を設定し，その成果を適切に評価して，児童がより意欲的に取り組むことができるように，指導方法等を工夫することが大切である。

　これまで述べてきたように，知的障害教育においては，「実際の生活」すなわち，学校生活や家庭生活に即した内容をもって活動を設定することになる。その上で，児童生徒の生活に"深まり""広がり""高まり"が見られたかをもって教師の教育上の力量が問われることになる。

学習課題

1．知的障害とはどのような障害なのかを，その定義や病因，学習上の特性から整理してみよう。
2．知的障害教育の教育実践において，教師が必ず理解しておくべきことについてまとめてみよう。

引用文献

AAIDD『Intellectual Disabilities 11 th Edition』2010（太田俊己・金子健・原仁・湯汲英史・沼田千妤子（共訳）知的障害：定義，分類および支援体系第 11 版. 日本発達障害福祉連盟）

AAIDD『Intellectual Disabilities 12th Edition』2021

文部科学省『特別支援学校教育要領・学習指導要領解説　総則編（幼稚部・小学部・中学部)』開隆堂出版. 2018a

文部科学省『特別支援学校学習指導要領解説　各教科等編（小学部・中学部)』開隆堂出版. 2018b

Martens, E. H.『Curriculum adjustments for the mentally retarded』1950（杉田裕・山口薫（共訳）精神薄弱児のカリキュラム. 日本文化科学社. 1970）

3 | 知的障害と周辺の障害

坂本　裕

《目標＆ポイント》　知的障害に関連の深い発達障害について，その定義や支援の方向性の基本を学ぶ。それをもとに，自閉症スペクトラム障害，学習障害，注意欠陥／多動性障害の教育的定義と学校教育場面における合理的配慮の基本を学ぶ。
《キーワード》　発達障害，自閉症スペクトラム障害，学習障害，注意欠陥／多動性障害

1．発達障害

（1）包括的な概念としての発達障害

　発達障害は，第35代アメリカ合衆国大統領 J.F. ケネディによる精神遅滞児・者への包括的な支援施策の推進過程で生まれた概念である。日本発達障害学会（2008）はそうした歴史的経緯も踏まえ，発達障害を表3−1のように定義している。

表3−1　発達障害の定義（日本発達障害学会，2008）

知的発達障害，脳性麻痺などの生得的な運動発達障害（身体障害），自閉症者やアスペルガー症候群を含む広汎性発達障害，注意欠陥／多動性障害（多動性障害）およびその関連障害，学習障害，発達性協調運動障害，発達性言語障害，てんかんなどを主体とし，視覚障害，聴覚障害および種々の健康障害（慢性疾患）の発達期に生じる諸問題の一部も含む包括的概念

　この定義において注目すべきは発達障害の"発達"が発達期を指すこ

とである。そのため，思春期までの発達の様相に応じた支援を検討することが必須となる。なお，発達障害の対語は障害が生じた時期が発達期以降であることから中途障害となる。

　支援の方向性は中途障害との対比から考えると理解しやすい。中途障害者への介入は"リハビリテーション（rehabilitation）"と称され，re（再び），habilitation（社会に参加する・社会を生き抜く），すなわち，障害を受ける前の社会生活の状態に戻るための治療的対応が主となる。それに対し，胎児期から思春期までの発達期までに生じる発達障害への介入は，"ハビリテーション（habilitation）"と称され，社会生活の中で初めてのことに対し，本人が主体的に取り組めるような支援的対応がその主となる。

　思春期までの発達の様相に応じた支援の方向性として，日本発達障害学会（2008）は表3-2の3点を挙げている。

表3-2　発達障害の支援の方向性（日本発達障害学会，2008）

> ○知的（発達）障害（精神遅滞）と同様の支援が必要である
> ○中途障害とは，質の異なる，より多くの支援が必要である
> ○一生涯の支援が必要である
>
> 　　　　　　　　　　　　　　　　　　　　　　　　（筆者一部改変）

　まず，「知的（発達）障害（精神遅滞）と同様の支援が必要である」とは，発達障害のある子どもは障害のない子どもよりも実生活の中での経験が，どうしても乏しくなりがちであることへの対応である。取り組みの必要性や重要性を体感できる実際的・具体的な内容から支援を積み上げていくことが必須となる。

　そして，「中途障害とは，質の異なる，より多くの支援が必要である」とは，発達障害のある子どもは初めて経験することに取り組むことが多

く，目指すところをイメージしたり，見通しをもって取り組んだりする
ことが難しい。そのため，スモールステップを組んだり，補助用具を
使ったりして，成功経験の連続に結びつくようにしていくのである。

　さらに，「一生涯の支援が必要である」とは，発達障害には脳の器質
的要因が強く関与しているものが少なくなく，一過性ではなく，長期に
わたる環境要因の調整が不可欠となることを意味している。支援者には
個別の（教育）支援計画のような継続的な支援シートを活用し，支援の
一貫性や継続性の確保が求められる。

（2）わが国独自の法律（行政）用語としての発達障害

　2005年4月に施行された発達障害者支援法で示された法律（行政）
用語としての発達障害は表3-3のように定義されている。

表3-3　発達障害の定義（発達障害者支援法，2005）

> 　自閉症，アスペルガー症候群その他の広汎性発達障害，学習障害，注意
> 欠陥／多動性障害，その他これに類する脳機能の障害であってその症状が
> 通常低年齢において発現するものとして政令で定めるもの

　包括的な概念である発達障害（Developmental Disabilities）とは異な
り，限定的な定義がなされた背景には，わが国の障害者施策の根本法で
ある障害者基本法において，2011年改正までは，障害者を「身体障害，
知的障害又は精神障害（以下「障害」と総称する)」としていたため，
身体障害，知的障害，精神障害のいずれにも含まれない自閉症等の障害
は障害福祉政策の適用外であった。そのため，議員立法にて発達障害者
支援法が制定され，定義に示された障害も障害福祉政策の適用内となっ
たのである。

　そして，2011年改正では，障害者を「身体障害，知的障害，精神障

害（発達障害を含む。）その他の心身の機能の障害（以下「障害」と総称する。）」とされた。このことにより，自閉症が精神障害者保健福祉手帳の交付対象になるなど，発達障害は精神障害と同等の支援を受けられることとなった。

　なお，わが国においては，発達障害者支援法制定に伴って，教育界のみならず，報道界においても発達障害への注目がこれまで以上に高まった。そのような経緯もあってか，わが国においては，特別支援教育に携わる者も含めて，発達障害者支援法における発達障害の限定的な定義がその理解の主となっている状況にある。

2. 自閉症スペクトラム障害

（1）定義

　自閉症（Autism）は，1943年，米国の児童精神科医カナーが11例の早期幼児自閉症を報告したことがその端緒となっている（Kanner, L., 1943）。そして，英国の児童精神科医ウイングは，表3-4の三つ組の障害（triad of impairments）を挙げ，典型的な自閉症からアスペルガー症候群，重度知的障害を伴う者から知的障害がない者までを連続した一続きのものと見なした概念である自閉症スペクトラム障害（Autism Spectrum Disorder）を提唱した（Wing, L., 1996）。

表3-4　自閉症スペクトラム障害における三つ組の障害（Wing, L., 1996）

○かかわりの障害（相互的な社会関係の質的な障害） ○コミュニケーションの障害（言葉の有無にかかわらず，その社会的使用の欠如） ○こだわりの障害（狭小で反復性のある常道的な行動・関心・活動）

　自閉症と高機能自閉症のわが国における教育的定義は表3-5，表3-

6のようになされている。

　いずれもウイングが自閉症スペクトラム障害を規定するとした三つ組の障害にて定義されている。

表3-5　わが国における自閉症の教育的定義
　　　　（特別支援教育の推進に関する調査研究協力者会議，2003）

> 　自閉症とは，3歳位までに現れ，1.他人との社会的関係の形成の困難さ，2.言葉の発達の遅れ，3.興味や関心が狭く特定のものにこだわることを特徴とする行動の障害であり，中枢神経系に何らかの要因による機能不全があると推定される。
> 　　　　　　　　　　　　　　　　　　　　　　　　　　　　（筆者一部編集）

表3-6　わが国における高機能自閉症の教育的定義
　　　　（特別支援教育の推進に関する調査研究協力者会議，2003）

> 　高機能自閉症とは，3歳位までに現れ，1.他人との社会的関係の形成の困難さ，2.言葉の発達の遅れ，3.興味や関心が狭く特定のものにこだわることを特徴とする行動の障害である自閉症のうち，知的発達の遅れを伴わないものをいう。また，中枢神経系に何らかの要因による機能不全があると推定される。

（2）合理的配慮

　自閉症のある児童生徒への学校教育場面における合理的配慮の例を，表3-7に示した。いずれも三つ組の障害からの理解ならびに合理的配慮の実施が不可欠となる。なお，この合理的配慮の例は後述するものも含め，全てを実施すべき配慮として捉えることなく，個々の状態に応じて多様な観点から配慮を検討する際の参考になるものとしての捉えが肝要となる。加えて，合理的配慮は障害者個々の教育権等を保障するための配慮であり，個別にその検討がなされ，合意されることが必須とな

る。また，その合理的配慮を実施するための基礎的環境整備の検討も不可欠となる。ユニバーサルデザインのように，万人に対応可能な予防的配慮とは大きく異なる点に留意すべきである。

表 3-7　自閉症への合理的配慮の例
（特別支援教育のあり方に関する特別委員会，2013）

【学習上又は生活上の困難を改善・克服するための配慮】

・自閉症の特性である「適切な対人関係形成の困難さ」「言語発達の遅れや異なった意味理解」「手順や方法に独特のこだわり」等により，学習内容の習得の困難さを補完する指導を行う。（動作等を利用して意味を理解する，繰り返し練習をして道具の使い方を正確に覚える　等）

【学習内容の変更・調整】

・自閉症の特性により，数量や言葉等の理解が部分的であったり，偏っていたりする場合の学習内容の変更・調整を行う。（理解の程度を考慮した基礎的・基本的な内容の確実な習得，社会適応に必要な技術や態度を身に付けること　等）

【情報・コミュニケーション及び教材の配慮】

・自閉症の特性を考慮し，視覚を活用した情報を提供する。（写真や図面，模型，実物等の活用）また，細かな制作等に苦手さが目立つ場合が多いことから，扱いやすい道具を用意したり，補助具を効果的に利用したりする。

【学習機会や体験の確保】

・自閉症の特性により，実際に体験しなければ，行動等の意味を理解することが困難であることから，実際的な体験の機会を多くするとともに，言葉による指示だけでは行動できないことが多いことから，学習活動の順序を分かりやすくなるよう活動予定表等の活用を行う。

【心理面・健康面の配慮】

・自閉症の特性により，二次的な障害として，情緒障害と同様の状態が起

きやすいことから，それらの予防に努める。

【校内環境のバリアフリー化】

・自閉症の特性を考慮し，備品等を分かりやすく配置したり，動線や目的の場所が視覚的に理解できるようにしたりなどする。

【幼児児童生徒，教職員，保護者，地域の理解啓発を図るための配慮】

・他者からの働きかけを適切に受け止められないことがあることや言葉の理解が十分ではないことがあること，方法や手順に独特のこだわりがあること等について，周囲の児童生徒等や教職員，保護者への理解啓発に努める。

【発達，障害の状態及び特性等に応じた指導ができる施設・設備の配慮】

・衝動的な行動によるけが等が見られることから，安全性を確保した校内環境を整備する。また，興奮が収まらない場合を想定し，クールダウン等のための場所を確保するとともに，必要に応じて，自閉症特有の感覚（明るさやちらつきへの過敏性等）を踏まえた校内環境を整備する。

3．学習障害（LD）

（1）定義

　学習障害（LD）はその歴史的経緯や領域によってさまざまな用語の使われ方をしている。①教育用語としての LD（Learning Disabilities：学習能力障害），②医学用語としての LD（Learning Disorder：学習障害），③欧州で使われている LD（Learning Difficulty：学習困難），④米国教育用語としての LD（Learning　Differences：学びの相違）がある（竹田・山下，2004）。

　学習障害のわが国における教育的定義は表3-8のようになされている。

表 3 - 8　わが国における学習障害の教育的定義
　　　　（学習障害及びこれに類似する学習上の困難を有する児童生徒の指
　　　　導方法に関する調査研究協力者会議，1999）

> 　学習障害とは，基本的には全般的な知的発達に遅れはないが，聞く，話
> す，読む，書く，計算する又は推論する能力のうち特定のものの習得と使
> 用に著しい困難を示す様々な状態を指すものである。
> 　学習障害は，その原因として，中枢神経系に何らかの機能障害があると
> 推定されるが，視覚障害，聴覚障害，知的障害，情緒障害などの障害や，
> 環境的な要因が直接の原因となるものではない。

（2）合理的配慮

　学習障害のある児童生徒への学校教育場面における合理的配慮の例
を，表 3 - 9 に示した。ここにあるように，特定の教科学習が苦手な状
態への配慮を行うだけでなく，身体運動の巧緻性を高めたり，心身の安
定を図ったりする配慮も不可欠となる。

表 3 - 9　学習障害への合理的配慮の例
　　　　（特別支援教育のあり方に関する特別委員会，2013）

> 【学習上又は生活上の困難を改善・克服するための配慮】
> ・読み書きや計算等に関して苦手なことをできるようにする，別の方法で
> 　代替する，他の能力で補完するなどに関する指導を行う。（文字の形を
> 　見分けることをできるようにする，パソコン，デジカメ等の使用，口頭
> 　試問による評価　等）
> 【学習内容の変更・調整】
> ・「読む」「書く」等特定の学習内容の習得が難しいので，基礎的な内容の
> 　習得を確実にすることを重視した学習内容の変更・調整を行う。（習熟
> 　のための時間を別に設定，軽重をつけた学習内容の配分　等）
> 【情報・コミュニケーション及び教材の配慮】

・読み書きに時間がかかる場合，本人の能力に合わせた情報を提供する。
（文章を読みやすくするために体裁を変える，拡大文字を用いた資料，
振り仮名をつける，音声やコンピュータの読み上げ，聴覚情報を併用し
て伝える　等）

【学習機会や体験の確保】
・身体感覚の発達を促すために活動を通した指導を行う。（体を大きく
使った活動，様々な感覚を同時に使った活動　等）また，活動内容を分
かりやすく説明して安心して参加できるようにする。

【心理面・健康面の配慮】
・苦手な学習活動があることで，自尊感情が低下している場合には，成功
体験を増やしたり，友達から認められたりする場面を設ける。（文章を
理解すること等に時間がかかることを踏まえた時間延長，必要な学習活
動に重点的な時間配分，受容的な学級の雰囲気作り，困ったときに相談
できる人や場所の確保　等）

【幼児児童生徒，教職員，保護者，地域の理解啓発を図るための配慮】
・努力によっても変わらない苦手なことや生まれつき得意なこと等，様々
な個性があることや特定の感覚が過敏な場合もあること等について，周
囲の児童生徒，教職員，保護者への理解啓発に努める。

【発達，障害の状態及び特性等に応じた指導ができる施設・設備の配慮】
・類似した情報が混在していると，必要な情報を選択することが困難にな
るため，不要な情報を隠したり，必要な情報だけが届くようにしたりで
きるように校内の環境を整備する。（余分な物を覆うカーテンの設置，
視覚的に分かりやすいような表示　等）

4. 注意欠陥／多動性障害（AD/HD）

（1）定義

　注意欠陥／多動性障害のわが国における教育的定義は表3−10のよう
になされている。その状態像については「／」の部分が定義において

「及び／又は」と表されているように，不注意症状と多動性―衝動性症状の混合型，不注意優勢型，多動性―衝動性優勢型の 3 タイプに分類される。

表 3-10　わが国における注意欠陥／多動性障害の教育的定義
　　　　（特別支援教育の推進に関する調査研究協力者会議，2003）

> 　ADHD とは，年齢あるいは発達に不釣り合いな注意力，及び／又は衝動性，多動性を特徴とする行動の障害で，社会的な活動や学業の機能に支障をきたすものである。
> 　また，7 歳以前に現れ，その状態が継続し，中枢神経系に何らかの要因による機能不全があると推定される。

　なお，現在，発症時期は，米国精神医学会の診断基準（DSM-5, 2013）では 7 歳未満から 12 歳未満に引き上げられている。

（2）合理的配慮

　注意欠陥／多動性障害のある児童生徒への学校教育場面における合理的配慮の例を，表 3-11 に示した。失敗体験が重ならないように，教室等の環境整備を事前に行ったり，また，課題が生じた際には，大人が即支援し即解決したりするなどして，その子なりの解決策を具体的に教えていくことが必要となる。

表 3-11　注意欠陥／多動性障害への合理的配慮の例
　　　　（特別支援教育のあり方に関する特別委員会，2013）

> 【学習上又は生活上の困難を改善・克服するための配慮】
> ・行動を最後までやり遂げることが困難な場合には，途中で忘れないように工夫したり，別の方法で補ったりするための指導を行う。（自分を客

観視する，物品の管理方法の工夫，メモの使用　等）

【学習内容の変更・調整】

・注意の集中を持続することが苦手であることを考慮した学習内容の変更・調整を行う。（学習内容を分割して適切な量にする　等）

【情報・コミュニケーション及び教材の配慮】

・聞き逃しや見逃し，書類の紛失等が多い場合には伝達する情報を整理して提供する。（掲示物の整理整頓・精選，目を合わせての指示，メモ等の視覚情報の活用，静かで集中できる環境づくり　等）

【学習機会や体験の確保】

・好きなものと関連付けるなど興味・関心が持てるように学習活動の導入を工夫し，危険防止策を講じた上で本人が直接参加できる体験学習を通した指導を行う。

【心理面・健康面の配慮】

・活動に持続的に取り組むことが難しく，また不注意による紛失等の失敗や衝動的な行動が多いので，成功体験を増やし，友達から認められる機会の増加に努める。（十分な活動のための時間の確保，物品管理のための棚等の準備，良い面を認め合えるような受容的な学級の雰囲気作り，感情のコントロール方法の指導，困ったときに相談できる人や場所の確保　等）

【幼児児童生徒，教職員，保護者，地域の理解啓発を図るための配慮】

・不適切と受け止められやすい行動についても，本人なりの理由があることや，生まれつきの特性によること，危険な行動等の安全な制止，防止の方策等について，周囲の児童生徒，教職員，保護者への理解啓発に努める。

【発達，障害の状態及び特性等に応じた指導ができる施設・設備の配慮】

・注意集中が難しいことや衝動的に行動してしまうこと，落ち着きを取り戻す場所が必要なこと等を考慮した施設・設備を整備する。（余分なものを覆うカーテンの設置，照明器具等の防護対策，危険な場所等の危険防止柵の設置，静かな小部屋の設置　等）

学習課題

1. 発達障害とはどのような障害なのかを，その定義や合理的配慮から
   整理してみよう。
2. 知的障害と自閉症スペクトラム障害・学習障害・注意欠陥／多動性
   障害に共通する支援について考えてみよう。

引用文献

American Psychiatric Association.『Diagnostic and Statistical Manual of Mental Disorders : DSM-5』Amer Psychiatric Pub Inc 2013（高橋三郎・大野　裕（監訳）DSM-5　精神疾患の分類と診断の手引, 医学書院. 2014）

学習障害及びこれに類似する学習上の困難を有する児童生徒の指導方法に関する調査研究協力者会議「学習障害児に対する指導について（報告）」1999

Kanner, L.「Autistic disturbances of affective contact」Nervous Child, 2, 217-250. 1943

日本発達障害学会『発達障害基本用語事典』金子書房. 2008

日本精神神経学会精神科病名検討連絡会「DSM-5 病名・用語翻訳ガイドライン（初版）」『精神神経学雑誌』116（6），420-457，2014

竹田契一・山下　光「軽度発達障害とその幼児期の特徴」『発達』97, 6-12. 2004

特別支援教育の推進に関する調査研究協力者会議「今後の特別支援教育の在り方について（最終報告）」2003

特別支援教育のあり方に関する特別委員会「共生社会の形成に向けたインクルーシブ教育システム構築のための特別支援教育の推進（報告）」2013

Wing, L.『The Autistic spectrum』Constable and Company. 1996（久保紘章・佐々木正美・清水康雄（監訳）自閉症スペクトル. 東京書籍. 1998）

4 | 知的障害教育の特色と
教育的対応の基本

高倉誠一

《**目標＆ポイント**》　知的障害教育を特徴付けている根拠と，この教育が重視する考え方について特別支援学校学習指導要領の解説書をもとに説明する。また，この教育が生み出された背景について歴史的な経緯などから理解する。

《**キーワード**》　知的障害の特徴，知的障害教育の特色，教育的対応の基本

1．はじめに

　ある知的障害特別支援学校の小学部と中学部の週日課をそれぞれ図4-1及び図4-2に示す。「国語」「算数（数学）」「理科」「社会」などの授業が見られない一方，「日常生活の指導」「生活単元学習」「作業学習」などの授業が設定されている。また，いろいろな授業がモザイク状に配置されているのではなく，同じ授業が同じ時間に帯状に配置されている。自身が慣れ親しんだ日課表とずいぶん異なるのではないだろうか。

　知的障害特別支援学校では，小学校・中学校・高等学校の教育にも，他障害（視覚障害・聴覚障害・肢体不自由・病弱）の特別支援学校のそれにも見られない，独自の教育課程を備えている。

　これら，特色豊かな知的障害のある子どもの教育（以下，「知的障害教育」）は，どのようなことが根拠となって形作られているのだろうか。本章では，知的障害教育を特徴付けている根拠と，この教育が重視する考え方について解説する。また，この教育の成り立ちについて触れる。

	月	火	水	木	金
	登　校				
8:30	日常生活の指導				
8:50	特活	日常生活の指導 課題別学習			
9:35 / 9:45					
	体育		音楽	体育	
10:30 / 10:40					
	生活単元学習／遊びの指導				
	日常生活の指導				
12:20	給　食 昼休み				
13:20	課題別学習	日常生活の指導	音楽	課題別学習	
14:05 / 14:15					
	日常生活の指導	下校 14:00	日常生活の指導		
15:00					
15:20	下校 15:20			下校 15:20	

図4-1　小学部（3〜6年生）の週日課の例

	月	火	水	木	金
	登　校				
8:30	日常生活の指導				
8:50	特活	保健体育			
9:35 / 9:45					
	課題別学習				
10:30 / 10:40					
	生活単元学習／作業学習				
12:20	給　食 昼休み				
13:20	課題別学習	音楽	日常生活の指導	音楽	総合的な学習の時間
14:05 / 14:15					
	日常生活の指導	下校 14:00	日常生活の指導		
15:00					
15:20	下校 15:20			下校 15:20	

図4-2　中学部の週日課の例

（いずれも高知市立高知特別支援学校，令和3年度）

2．知的障害の特徴と教育的対応

（1）知的障害の特徴

　知的障害教育の独自性は，知的障害の障害特性に起因している。解説各教科等編では，知的障害について，次のように説明している。

> 　知的障害とは，知的機能の発達に明らかな遅れと，適応行動の困難性を伴う状態が，発達期に起こるものを言う。
> 　「知的機能の発達に明らかな遅れ」がある状態とは，認知や言語などに関わる精神機能のうち，情緒面とは区別される知的面に，同年齢の児童生徒と比較して平均的水準より有意な遅れが明らかな状態である。
> 　「適応行動の困難性」とは，他人との意思の疎通，日常生活や社会生活，安全，仕事，余暇利用などについて，その年齢段階に標準的に要求されるまでには至っていないことであり，適応行動の習得や習熟に困難があるために，実際の生活において支障をきたしている状態である。（以下，省略）

　上記について，知的障害のある子どもは，学校生活において学習上と生活上の2つの側面に困難性があると捉えることができる。

　まず，学習上の困難性についてである。幼稚園を除く小学校・中学校・高等学校（以下，便宜的に「通常の学校」と略す）の各教科は，学年が上がるにしたがって，目標と内容が基礎から応用，具体から抽象へと進んでいく。これは，子どもの年齢とともに知的機能が発達し，各教科の目標や内容を達成し習得できることが前提となっているからである。知的機能の発達に遅れがあれば，通常の学校の教育課程をそのまま適用するのではなく，知的障害の学習上の特性に応じた教育内容と方法を用意する必要が生じる。

　次に，生活上の困難性である。知的障害のある子どもは，同年齢の子どもに比して，仲間との関わり，ルールや集団行動の理解といった社会的スキルに困難性があるほか，食事，排泄，衣服の着脱など日常生活習慣行動や，通学のための交通ルールの理解や公共機関の利用など実用的スキルの困難性に加え，協調運動や持久力など運動面の困難性もある。このように，知的障害のある子どもは，生活上の広汎な領域にわたって

多様に困難性が生じている。そのため，知的障害教育では，日常生活や社会生活の自立に関わる事柄も欠くことのできない教育内容となる。

（2）学習上の特性を踏まえた教育の考え方

　知的障害の特徴を踏まえて，解説各教科等編では，教育の考え方について，次のように説明している。

　知的障害のある児童生徒の学習上の特性としては，学習によって得た知識や技能が断片的になりやすく，実際の生活の場面の中で生かすことが難しいことが挙げられる。そのため，実際の生活場面に即しながら，繰り返して学習することにより，必要な知識や技能等を身に付けられるようにする継続的，段階的な指導が重要となる。児童生徒が一度身に付けた知識や技能等は，着実に実行されることが多い。

　また，成功経験が少ないことなどにより，主体的に活動に取り組む意欲が十分に育っていないことが多い。そのため，学習の過程では，児童生徒が頑張っているところやできたところを細かく認めたり，称賛したりすることで，児童生徒の自信や主体的に取り組む意欲を育むことが重要となる。

　更に，抽象的な内容の指導よりも，実際的な生活場面の中で，具体的に思考や判断，表現できるようにする指導が効果的である。

　「重要」なこととして，2つの考え方が述べられている。一つは，知的障害のある子どもは，学習上の特性から，実際的な生活場面に即した学習が身につきやすく，子どものもつ力を発揮しやすいことである。

　学校生活の一日には，着替えや排泄，掃除や片付け，昼食や歯磨き，手洗いなどといった基本的生活習慣に関わる活動のほか，登下校に関わる交通機関の利用，朝の会や帰りの会，掃除や係活動など日常生活や社会生活の自立に関わる活動が含まれる。これら，毎日繰り返される日常

生活の諸活動に取り組む学習が「日常生活の指導」（第8章）である。

　日常生活の諸活動に取り組む学習といっても，単に生活的な活動に取り組めばよいというものではない。たとえば，歯磨きをする必要のない場面で「歯磨き」の指導をしてみたり，着替えをする必要のない場面で「着替え」の指導をしたりしても，学習の効果はあまり期待できない。生活の流れの中で，その都度，実際の生活場面で指導をすることが肝要になる。

　実際的な生活活動に取り組む学習の重視は，「日常生活の指導」だけではない。学校生活には，運動会や学校祭のような全校での行事のほかに，夏のプールでの活動や冬のマラソンなど季節に応じた活動，販売会や産業現場等における実習，学級の花壇の整備や新入生歓迎会や遠足など，折々にテーマ性のある生活活動が多様にある。これらテーマ性のある生活活動は，子どもたちがめあてと見通しをもちやすく，子どもによる主体的な取り組みとなりやすい。子どもの生活年齢や年代にふさわしいテーマと活動に，仲間と力を合わせて取り組むことにより，将来の自立や社会参加に向けた望ましい意欲や社会性も育まれる。これらテーマ性のある生活活動に取り組む学習は，後章で解説する「生活単元学習」（第6章），「作業学習」（第7章），「遊びの指導」（第8章）ともなる。

　もう一つは，「児童生徒の自信や主体的に取り組む意欲を育む」ことである。自立と社会参加を見据えれば，たとえ困難があっても，誠実にひたむきに取り組もうとする意欲を培うことがなによりも大事になる。しかし，知的障害のある子どもは成功体験が少なく自己効力感や自己肯定感が得られにくいため，ともすると物事に対して消極的で受動的な姿勢になりがちである。また，できないことや苦手なことに着目して指導することは，子どもにとって負担感が大きく，取り組みの満足感や達成感が得られにくい。

そこで，どの子どもも活動に参加し主体的に取り組めるよう，学校で生活の諸側面について工夫し，配慮することが必要になる。たとえば，活動の計画では，子どもの興味・関心や好きなこと，すでに経験して子どもたちがなじんでいることやできること，もう少しでできそうなことなどを勘案して題材やテーマを設定する。さらに，子どもが主体的に取り組む学校生活にしようとすれば，一授業や一活動だけの工夫・配慮にとどまらない。子どもがめあてと見通しをもてるよう，一日の生活の流れ（日課）をわかりやすく整えたり，授業や活動を単元化して，取り組むテーマを明確にして毎日のように繰り返し取り組む生活となるように週日課や年間計画を工夫し配慮する。

　教育実践現場では，学校生活の諸側面において，子どもが主体的に活動に参加し，力を発揮できる状況をつくることを「できる状況づくり」と称することもある。この「できる状況づくり」の視点は，次節で解説する「教育的対応の基本」の事項にも複数見ることができる。

　以上に見るように，知的障害教育では，子どもの学習上の特性を踏まえ，自立と社会参加を目標に，生活に結びついた実際的で具体的な活動を学習活動の中心に据え，子どもたちがそれらの活動に主体的に取り組む中で，日常生活や社会生活に生きる力を培うことを重視しているのである。

（3）教育的対応の基本

　解説各教科等編では，「教育的対応の基本」として，次の 10 項目を示している（学習指導要領の掲載箇所などの記述を一部省略した）。

　「教育的対応の基本」においても，子どもの自立と社会参加に向けて，実際的で現実的な生活に生きる力を育むことに加え，子どもによる自発的で主体的な取り組みになるようにして，望ましい意欲を培うこと

（1）児童生徒の知的障害の状態，生活年齢，学習状況や経験等を考慮して教育的ニーズを的確に捉え，育成を目指す資質・能力を明確にし，指導目標を設定するとともに，指導内容のより一層の具体化を図る。

（2）望ましい社会参加を目指し，日常生活や社会生活に生きて働く知識及び技能，習慣や学びに向かう力が身に付くよう指導する。

（3）職業教育を重視し，将来の職業生活に必要な基礎的な知識や技能，態度及び人間性等が育つよう指導する。その際に，多様な進路や将来の生活について関わりのある指導内容を組織する。

（4）生活の課題に沿った多様な生活経験を通して，日々の生活の質が高まるよう指導するとともに，よりよく生活を工夫していこうとする意欲が育つよう指導する。

（5）自発的な活動を大切にし，主体的な活動を促すようにしながら，課題を解決しようとする思考力，判断力，表現力等を育むよう指導する。

（6）児童生徒が，自ら見通しをもって主体的に行動できるよう，日課や学習環境などを分かりやすくし，規則的でまとまりのある学校生活が送れるようにする。

（7）生活に結びついた具体的な活動を学習活動の中心に据え，実際的な状況下で指導するとともに，できる限り児童生徒の成功経験を豊富にする。

（8）児童生徒の興味や関心，得意な面に着目し，教材・教具，補助用具やジグ等を工夫するとともに，目的が達成しやすいように，段階的な指導を行うなどして，児童生徒の学習活動への意欲が育つよう指導する。

（9）児童生徒一人一人が集団において役割が得られるよう工夫し，その活動を遂行できるようにするとともに，活動後には充実感や達成感，自己肯定感が得られるように指導する。

（10）児童生徒一人一人の発達の側面に着目し，意欲や意思，情緒の不安定さなどの課題に応じるとともに，児童生徒の生活年齢に即した指導を徹底する。

が示されている。ここでは，学習上の特性や教育的対応の基本も踏まえ，以下の3点を確認したい。

① 子どもの主体性と力の発揮を支え，豊かな学校生活にする

　解説自立活動編では，「自立」について，「児童生徒がそれぞれの障害の状態や発達の段階等に応じて，主体的に自己の力を可能な限り発揮し，よりよく生きていこうとすること」としている。特別支援教育では，主体的な力の発揮を積み重ねて，よりよく生きていこうとする意欲を培うことを教育の根幹にしているとも考えられるが，実際にはどうであろうか。

　知的障害に限らず，障害のある子どもの対応では，ともすると「できないこと」「苦手なこと」など，発達上や行動上のつまずきや課題に目が向きがちである。これら子どもの課題に注目して働きかける対応は，子どもにとって負担が大きいばかりでなく，場合によっては子どもの自信を失わせ，主体的に生きる意欲を低下させかねない。そうではなく，それぞれの子どもがのびのびと自分らしく力を発揮できるよう，学校での諸活動のありようを豊かにすることが大切になる。

　子どもの課題面だけでなく，好きなことや得意なこと，その子どもなりに取り組もうとしていることなど，子どもの姿を肯定的に捉える子ども観を基盤に，子どもたちが意欲をもって活動に参加し，それぞれの子どもが「わかる」「できる」実感をもって取り組み，活動を終えたあとには，やり終えた達成感や満足感，自己肯定感が得られるようにする。このように，子どもがのびのびと自分らしく力を発揮できる豊かな学校生活を積み重ねることにより，よりよく生きていこうとする意欲や姿勢を培うことが大切になる。

②　子ども一人ひとりへの教育的対応の重視

　知的障害のある子どもは，同じ生活年齢であっても，言語，運動，情緒，行動など，発達の諸側面における個人差が大きく，子どもの学習状況も個々に異なる。そこで，特別支援学校学習指導要領では，各教科の内容を「学年別」で示さずに，小学部３段階，中学部２段階，高等部２段階の「段階別」で示している。また，各教科の内容をもとに，子どもの知的障害の状態や経験に応じて，具体的に指導内容を設定する取り扱いとなっている。各教科の内容の示し方と取り扱いを弾力化することで，子ども一人ひとりに合わせた教育的対応が徹底できるようになっているのである。

　なお，一人ひとりへの教育的対応の重視は，そのまま子どもと教師の一対一の個別的対応の重視を意味するのではない。衣類の着脱や洗面などといった基本的生活習慣に関わることなどは個別的な指導や支援となるであろう。しかし，学校生活全体で見れば，同じテーマや題材のもとに集団で取り組む活動が多くを占める。集団的な活動においても，一人ひとりが力を発揮し確かな学びを得られるよう，子どもそれぞれの取り組みの様子を把握し，子どもに期待する姿である目標を設定し，指導・支援の手立てを講じることが大事になる。

③　生活年齢にふさわしい教育的対応を大切にする

　知的障害教育では，子どもの生活年齢（実年齢）を基盤として，その年齢・年代にふさわしい活動に取り組むことを重視していることにも留意したい。子ども本人の自意識や社会性を育むためには，その子どもの年齢・年代に応じた生活や活動に取り組むことが大切になるからである。

　小学部では，食事や用便，清潔など身辺自立に関わる活動や，健康や体づくりに関する活動，遊びに関する活動など，自立の基盤になる活動

に重点を置いて取り組むことになるであろう。中学部では，家庭を中心
とした生活から地域社会での生活に活動が拡大するとともに，身体の発
育も著しく活動量も増加する時期である。そこで，社会生活を見据え
て，より青年期らしい活動に重点を置いて取り組むことになるだろう。
高等部では，卒業後の社会参加や働く生活を見据えて，より本格的な働
く活動や，仲間と共に問題解決に取り組む委員会活動などにも重点を置
いて取り組むことなるだろう。このように，子どもの生活年齢に応じる
ことにより，子どもの生活経験も広がり，学校生活の質も高まっていく
のである。

3. 知的障害教育の特質の成り立ち

　知的障害教育は，端的には，生活に取り組む教育であるとも言える。
本節では，この教育がどのように成立したか，その背景について述べ
る。

　知的障害教育の原型ができたのは，戦後まもなくのことである。1947
（昭和 22）年に学校教育法が制定され，小学校と中学校に現在の特別支
援学級である「特殊学級」が設置されるようになる。

　当時は，この教育の教育課程と指導法が確立されていなかったことか
ら，各地の教師は試行錯誤を重ねながら指導法を模索した。その多く
は，通常の学校と同じ伝統的な指導法を頼りに，子どもの理解度にあわ
せて，学年段階を下げた内容を繰り返し指導する試みを行ったようであ
る。

　大きな課題を突きつけられたのが，中学校特殊学級の教育である。新
学校教育制度の実施により，中学校教育が義務教育となったものの，当
時は中学校の特殊学級の教育実績がほとんどなかった。さらに，当時
は，知的障害の有無にかかわらず，多くの子どもたちは中学校卒業と同

時に社会に出る時代であった。当該学級の教師は，子どもたちを社会に送り出すのに十分な教育ができたのか問われたのである。この教育の関係者は，実生活・実社会の現実とは関わりなく，学年段階を下げた内容の指導に終始することを「水増し教育」あるいは「学校ゴッコ」と自己批判し，この子どもたちに真に必要な教育を模索した。

一方，当時は，新しい時代を迎える機運に満ちていた。教育分野においても，米国から紹介された経験主義教育の影響を受け，子どもの興味・関心や身近な生活経験をもとにした，子どもによる主体的な学びを重視する新進的な教育が注目されるようになっていた。知的障害教育も，特有の障害特性に応じ，かつ，卒業後の社会自立を目指す教育を模索する中で，しだいに教科指導を基本とする伝統的な教育を離れ，独自の教育を目指すようになる。

この時代に先導的な役割を果たしたのが，1947（昭和22）年に国立教育研修所（現在の国立教育政策研究所）に設けられた実験学級である品川区立大崎中学校分教場に端を発する教育実践である。開設時から，「この教育は，生活と生産を直結するものでなくてはならない」という方針を掲げ，将来の社会自立を目標に，学校で実生活や実社会に結びついた実際的で具体的な活動に取り組むことを教育と考えたのである。

生活と生産に直結するという教育方針を目指しながらも，すぐさまその方法が見出されたわけではなかった。実際には，散発的な作業や宿泊学習を除いては，知的能力に応じた内容のドリル学習などが中心であったようである。

この分教場は，1951（昭和26）年度に新校舎へ移転するが，この新校舎への移転をきっかけに，「いままでの教科的指導から脱却して経験単元的なやり方を大幅に取り入れる（当時の記録）」ことを決め，「玉川遠足単元」「赤十字募金単元」「バザー単元」などの単元を展開した。

　特に「バザー単元」は，知的障害教育の指導法を方向づけたとされる教育実践である。この単元は，新校舎の備品等を購入するために，人形やブックカバー等の作品を作りバザーで販売するものであり，単元期間は6月から10月の約4か月間というダイナミックなものであった。「従来の伝統的な学校ゴッコに挑戦する総合作業単元（当時の記録）」に見るように，大変熱の入った取り組みであった。

　この単元は大成功を収め，子どもたちが見違えるように意欲的に取り組む姿，たくましく成長する姿に大きな手応えを得たという。以降，学校生活の諸活動に子どもが主体的に取り組むことを重視する教育実践が全国的に取り組まれていくのである。

学習課題

1．テキストで示した日課表と，解説各教科等編が示す「教育的対応の基本」の事項を比較しながら，知的障害特別支援学校の生活と教育をイメージしてみよう。
2．なぜ知的障害教育では，伝統的な教育を離れて独自の教育を模索したのであろうか。知的障害のある子どもの視点から，その意義を考えてみよう。

参考文献

文部科学省『特別支援学校教育要領・学習指導要領解説　総則編（幼稚部・小学部・中学部)』開隆堂出版. 2018

文部科学省『特別支援学校学習指導要領解説　各教科等編（小学部・中学部)』開隆堂出版. 2018

全日本特別支援教育研究連盟『教育実践でつづる知的障害教育方法史』川島書店. 2002

東京都立青鳥養護学校『青鳥 30 年』1979

小出進『知的障害教育の本質─本人主体を支える』ジアース教育新社. 2014

高知市立高知特別支援学校『第 8 回自主公開受業研究会　開催要項・支援案』2021

5 │ 知的障害教育の教育課程と指導法

│ 高倉誠一

《**目標＆ポイント**》　本章では，教育課程の基本的な理解から，知的障害のある児童生徒に対する教育を行う特別支援学校（以下，知的障害特別支援学校）の教育課程とその特徴，及び指導法について学ぶ。

　知的障害のある子どものニーズに合わせた教育ができるよう，知的障害特別支援学校の教育課程は弾力的に運用できるようになっていること，また，知的障害教育の特色と特性を踏まえ，小・中学校等にも他障害の特別支援学校にも見られない，独自の各教科等と指導形態があることを理解する。

《**キーワード**》　教育課程，知的障害特別支援学校の各教科等，各教科等を合わせた指導

1．教育課程とは

　解説総則編によれば，教育課程とは「学校教育の目的や目標を達成するために，教育の内容を児童生徒の心身の発達に応じ，授業時数との関連において総合的に組織した各学校の教育計画であると言うことができ，その際，学校の教育目標の設定，指導内容の組織及び授業時数の配当が教育課程の編成の基本的要素になってくる」と説明されている。

　特別支援学校を含む学校教育の目的や目標は，教育基本法及び学校教育法に示されている。教育内容については，国語，算数（数学）などの各教科と教科以外の総合的な学習（探求）の時間や特別活動など（以降，「各教科等」と略す）の種類が学校教育法施行規則によって定められ，各教科等の目標と内容については，基本的には学年ごとに学習指導

要領に示されている。各教科等の授業時数については，学校教育法施行規則に年間の標準となる時数が規定され，学習指導要領にその取り扱いが示されている。

こう見ると各学校の教育課程は，創意工夫の余地がないように思えるが，必ずしもそうではない。法令等が示すのは，全国的に一定の教育水準を確保し，ある限度において国全体としての統一性を保つための「基準」である。

一方，教育は，子どもの心身の発達の段階や特性のほか，子どもが生活する学校，子どもの家庭も含めた地域の実態や実情に応じて，学校や教師が創意工夫を加えて教育を行うことが不可欠となる。

このため，各学校は，これらの実態や実情を適切に把握して，より主体的に教育課程を編成し実施することによって，教育活動の質的向上を図っていくことが求められている（これを「カリキュラム・マネジメント」という）。教育課程の編成は，あくまでも各学校が主体であり，学校や教師の裁量に基づく多様な創意工夫を前提としていることに留意したい。

2. 特別支援学校の教育課程

特別支援学校の教育課程は，幼稚園に準ずる領域，小学校，中学校及び高等学校（以下，便宜的に「通常の学校」と略す）に準ずる「各教科」「特別の教科である道徳」「特別活動」「総合的な学習（探求）の時間」「外国語活動」のほか，障害による学習上又は生活上の困難の改善・克服を目的とした領域である「自立活動」で編成している。

ここでいう「準ずる」とは，法的には「同じ」という意味である。しかし，特別支援学校に在籍する子どもは，障害のない子どもに比して心身の発達段階等も多様で個人差が大きい。そこで，特別支援学校では，子どもの障害の状態等に応じて，弾力的に教育課程の編成ができるよう

に，法令と学習指導要領に各種の規定が設けられている。

　学校教育法施行規則第 130 条第 1 項には，「各教科（高等部は「各教科に属する科目」）の全部又は一部について，合わせて指導を行うことができる」とする特例が定められている。その趣旨は，「各教科を並列的に指導するより，各教科に含まれる教科内容を一定の中心的な題材等に有機的に統合して，総合的な指導を進める方がより効果的な学習となり得る」（解説総則編）ためである。

　授業時数の取扱いについても弾力的な措置が図られている。幼稚園を除く小学校・中学校・高等学校（以下便宜的に「通常の学校」と略す）の教育課程では，学校教育法施行規則により，学年ごとに各教科等の標準となる授業時数が示されており，その規定に沿って各教科等の別に授業時数を確保しなければならない。しかし，特別支援学校学習指導要領では，授業時数の取扱いについて，「総授業時数は，小学校又は中学校の各学年における総授業時数に準ずるものとする。この場合，各教科等の目標及び内容を考慮し，それぞれの年間の授業時数を適切に定める」としている。つまり，特別支援学校では，年間の総授業時数の中で各教科等の間で授業時数を増減して調整することが可能となっている。

　さらに，特別支援学校学習指導要領の「重複障害者等に関する教育課程の取扱い」の規定では，子どもの障害の状態に応じて，よりきめ細かな対応ができるよう，教育課程の取扱いに関する各種の規定が設けられている。たとえば，各教科及び外国語活動の目標と内容の一部を取り扱わないことができたり，各教科の下学年の目標と内容の全部又は一部に変えることができたりするなどの規定が設けられている。また，重複障害のある子どもで，障害の状態により特に必要があれば，自立活動を主とした教育課程を編成することもできるようになっている。

　以上に見るように，特別支援学校では，子どもの障害の状態等に応じ

るために，通常の学校に比べて，教育の内容や授業時数の配当を決定する裁量が大きいのである。

3．知的障害特別支援学校の教育課程

　これまでに見たように，特別支援学校では，子どもの障害の状態等に応じて弾力的に教育課程を編成できるようになっている。一方，知的障害特別支援学校では，通常の学校にも，他障害（視覚障害・聴覚障害・肢体不自由・病弱）の特別支援学校にもない，独自の各教科等と指導形態を備えている。

　第4章に見たように，知的障害は，学習上も生活上も困難性が大きい障害である。そこで，知的障害教育では，自立と社会参加を目標に，生活に結びついた実際的で具体的な活動を学習活動の中心に据え，子どもたちがそれら生活的な活動に主体的に取り組む中で，日常生活や社会生活に生きる力を培うことを重視している。この特質に応じるために，知的障害特別支援学校の教育課程では，独自の各教科等と指導形態を備えているのである。

　次から，知的障害特別支援学校の各教科等の特徴と指導形態について，それぞれ述べる。

（1）知的障害特別支援学校の各教科等の特徴

　知的障害特別支援学校では，知的障害の学習上の特性を踏まえて，独自に設定された各教科等が法的に規定されている（小学部は学校教育法施行規則第126条第2項，中学部は同第127条第2項，高等部は同第128条第2項）。

　知的障害特別支援学校の各教科等は，「発達期における知的機能の障害を踏まえ，児童生徒が自立し社会参加するために必要な『知識及び技

能』,『思考力，判断力，表現力等』,『学びに向かう力，人間性等』を身
に付けることを重視し，特別支援学校学習指導要領において，各教科等
の目標と内容等を示している」(解説各教科等編) としている。

　「知的機能の障害を踏まえ」「自立し社会参加する」ことを重視する
知的障害特別支援学校の各教科等は，名称こそ通常の学校と同じである
が構成が異なる。小学校と比較したものを表5-1に示す。

表5-1　各教科等の構成（小学校との比較）

小学校（第50条）	国語，社会，算数，理科，生活，音楽，図画工作，家庭，体育，外国語，特別の教科である道徳，外国語活動，総合的な学習の時間，特別活動
知的障害特別支援学校小学部（第126条第2項）	生活，国語，算数，音楽，図画工作，体育，特別の教科である道徳，特別活動，自立活動 （必要がある場合には，「外国語活動」を加える）

　知的障害特別支援学校小学部では，小学校に設定されている「社会
科」「理科」「家庭科」「外国語科」「総合的な学習の時間」がない。この
ように，各教科等の構成が異なるのは知的障害特別支援学校のみに見ら
れる特徴である。

　各教科等の中でも，知的障害特別支援学校の特徴をよく表すものが第
126条第2項の筆頭に示されている小学部の教科「生活」である。生活
科について，それぞれの内容を比較したものを表5-2に示す。共通す
る内容もあるが，知的障害特別支援学校小学部の生活科は，「基本的生
活習慣」「手伝い・仕事」「金銭の扱い」「きまり」などに見るように，
日常生活や社会生活に関わる実際的で具体的な内容が含まれている。

　解説各教科等編では，知的障害特別支援学校の生活科は「基本的な生
活習慣の確立に関すること，遊び，役割，手伝い，きまりなどを含む生
活に関することを学習の対象とし，自立への基礎を体系的に学べるよう

に，内容を構成した教科である」と説明している。

表5-2　それぞれの生活科の「内容」

小学校	○学校の施設　○学校で働く人　○友達　○通学路　○家族　○家庭　○地域で生活したり働いたりしている人　○公共物　○公共施設　○地域の行事・出来事　○身近な自然　○身近にある物　○動物　○植物　○自分のこと
知的障害特別支援学校小学部	○基本的生活習慣　○安全　○日課・予定　○遊び　○人との関わり　○役割　○手伝い・仕事　○金銭の扱い　○きまり　○社会の仕組みと公共施設　○生命・自然　○ものの仕組みと働き

　各教科は，知識や技術を系統立てて組織したものであるという伝統的な教科観からすれば，知的障害特別支援学校の生活科は，具体的な生活活動そのものを学習の内容としているという点で特徴的である。

　日常生活や社会生活に生きる実際的で具体的な事柄を教科の内容とすることは，生活科に限らず，知的障害特別支援学校の各教科等に共通する視点でもある。知的障害特別支援学校の教育を構成する各教科等は生活的・社会的要素に重点を置いているのである。

（2）子どもの教育的ニーズに応じるための弾力的な教育課程の取扱い

　通常の学校の教育課程は，学習指導要領により，基本的には学年ごとに各教科の目標と内容が示されている。この原則は，他障害（視覚障害・聴覚障害・肢体不自由・病弱）の特別支援学校も同じである。

　一方，知的障害のある子どもは，同一学年であっても，障害の状態等も含めて極めて個人差が大きい。そこで，知的障害特別支援学校の学習指導要領では，「学年別」でなく，小学部3段階，中学部2段階，高等部2段階の「段階別」で各教科の目標と内容を示している。

さらに，各教科の指導にあたっては，学習指導要領の総則に「各教科の段階に示す内容を基に，児童又は生徒の知的障害の状態や経験等に応じて，具体的に指導内容を設定する」とする規定がある。知的障害特別支援学校では，指導内容を子どもの状態等に応じて柔軟に設定できるようになっている。

以上に見るように，知的障害特別支援学校の教育課程では，他障害の特別支援学校に比較しても，極めて弾力的な扱いができるようになっている。これは，子どもの障害の状態等に応じることはもちろんであるが，知的障害教育の特質である生活に結びついた教育を可能にするためのものでもある。

（3）知的障害特別支援学校の指導法

① 各教科等を合わせた指導

通常の学校では，国語科は国語の時間に，算数科は算数の時間にというように，教科等の別に時間を設けて指導することが多い。しかし，知的障害のある子どもの教育では，教科等の別に分けずに指導する形態がある。これが，知的障害特別支援学校の独特の指導形態である「各教科等を合わせた指導」である。

第4章の図4-1及び図4-2に示す週日課には，帯状に「生活単元学習」「遊びの指導」「作業学習」「日常生活の指導」の時間が設定されていることがわかる。これらが，「各教科等を合わせた指導」である。

知的障害教育は，自立や社会参加を目指して，生活に結びついた実際的で具体的な活動に取り組むことそれ自体を教育と考える。この独特の教育のありようを具現化した指導形態が「各教科等を合わせた指導」である。

学校教育法施行規則第130条第2項では，この指導形態について，次

のように規定している。「特別支援学校の小学部，中学部又は高等部において，知的障害者である児童若しくは生徒又は複数の種類の障害を併せ有する児童若しくは生徒を教育する場合において特に必要があるときは，各教科，特別の教科である道徳，外国語活動，特別活動及び自立活動の全部又は一部について，合わせて授業を行うことができる」。

　図に示した週日課では，いずれも「道徳」や「自立活動」などを見ることができないが，これらも週日課にある「生活単元学習」などの「各教科等を合わせた指導」に含んで指導しているということになる。

　「全部又は一部について，合わせて授業を行うことができる」とは，どういうことか。この「各教科等を合わせた指導」は，教育課程上，「教育課程の二重構造」といわれる考え方で整理されている（図5−1）。

各教科等の構成（指導内容）

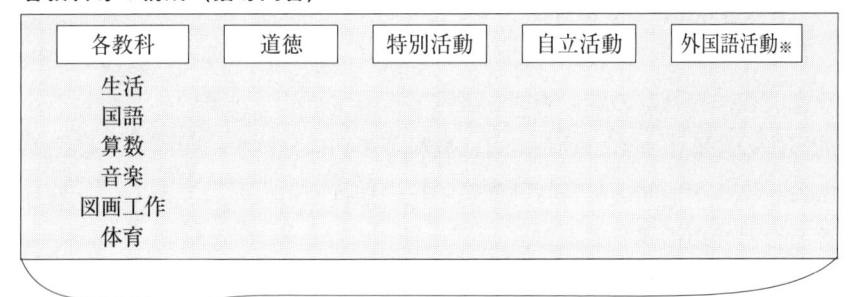

指導形態　　全部又は一部を合わせて指導することができる

※　小学部の「外国語活動」は必要に応じて設ける。

図5−1　教育課程の二重構造
　　　　（知的障害特別支援学校小学部の場合。筆者作成）

　上段には，各教科等によって構成された指導内容がある。「指導内容」上は各教科等で構成するが，「指導の段階」（授業）では，各教科等の別に分けずに合わせて指導するというように考えるわけである。

　では，なぜこのように複雑な教育課程の考え方をするのか。背景は戦後すぐのこの教育の草創期にある。第 4 章に見たように，当時の知的障害のある子どもの教育に関わる教師や関係者は，試行錯誤を重ねながら指導法を模索した。特有の障害特性に応じ，かつ，卒業後の社会自立を目指す教育を模索する中で，しだいに，机と黒板，教科書とノートによる伝統的な教科指導から離れ，実生活や実社会に結びついた実際的で具体的な活動に取り組むことそれ自体を教育と考えるようになる。こうして，1950 年代には，知的障害教育の関係者の間では，生活主義で進めることが主流になりつつあったと言われている。

　当時，盲学校（現在の視覚障害特別支援学校）と聾学校（現在の聴覚障害特別支援学校）は 1948（昭和 23）年度から義務化が実現したが，他の障害種の学校は義務化が遅れていた。1950 年代に入り，特殊学級（現在の特別支援学級）や養護学校（現在の知的障害・肢体不自由・病弱の各特別支援学校）の整備の動きが活発になるにつれて，教育課程も含めた制度整備が必要になり，しだいに学習指導要領の制定が求められるようになる。

　知的障害特別支援学校で初の学習指導要領が制定されたのは 1963（昭和 38）年のことであるが，制定をめぐって大きな論争が巻き起こる。

　当時，関係者の間では，教育内容を各教科等の別で分類・組織せずに，「生活」「情操」「言語」などのように，『領域』で分類・組織する考え方が大勢であった。通常の学校のように，教育内容を各教科等の別に分類・組織することは，この教育になじまないと考えたからである。

　一方，同じ義務教育段階にある小・中学校の教育課程は，学校教育法

施行規則で教科等の別で構成されている。教育内容の分類・組織をめぐって法的な問題が障壁となったのである。この教育の関係者は，小・中学校のように各教科等による分類・組織を前提とした教育課程が示されれば，知的障害教育のありようが変容・後退しかねないと危惧したのである。

　最終的には，知的障害特別支援学校の学習指導要領においても，小・中学校と同様に，教育内容を教科等の別に示すことになったのであるが，どのようにして知的障害教育の特質の確保を図ったのか。1963（昭和 38）年の学習指導要領解説には次のように説明されている。

　「この問題は幾多の曲折を経たのち，名称は普通の小・中学校の教科名をとるが，その内容は異質なものであり，しかもその指導形態は教科別に実施されるということではなく，実際の授業は，これらの内容が統合された形でおこなわれるようにするということで解決された」

　こうして，既存の教育課程の枠組みに，知的障害教育の特質の確保を図ったのが，生活的・社会的な性格をもつ独自の「各教科等」であり，各教科等の内容を分けずに指導することができる，独自の「各教科等を合わせた指導」なのである。

②　教科別の指導

　以上に見るように，知的障害特別支援学校では，「児童生徒の学校での生活を基盤として，学習や生活の流れに即して学んでいくことが効果的である」（解説各教科等編）ことから，従前より，「各教科等を合わせた指導」を大きく位置付けて教育実践が重ねられてきた。

　一方，知的障害特別支援学校の各教科について，全部又は一部を合わせずに，教科ごとの時間を設けて指導する形態が「教科別の指導」である。

　教科別の指導は，音楽，体育（保健体育），図画工作（美術）は，小

学部から高等部を通じて授業時間を設定していることが多く，次いで，国語，算数（数学）を子どもの実態に応じて設定している学校が多い。

　通常の学校では，同じ学年の子どもの集団に，同じ内容を指導する一斉授業の指導形態をとることが多い。一方，知的障害のある子どもは発達段階も含めて個人差が極めて大きいので，一斉授業の指導形態がなじみにくい。このことから，解説各教科等編では，教科別の指導について次のように留意事項を述べている。

　「指導を行う教科やその授業時数の定め方は，対象となる児童生徒の実態によっても異なる。したがって，教科別の指導を計画するに当たっては，教科別の指導で扱う内容について，（略）一人一人の児童生徒の興味や関心，生活年齢，学習状況や経験等を十分に考慮することが大切である」「指導に当たっては，（略）生活に即した活動を十分に取り入れつつ学んでいることの目的や意義が理解できるよう段階的に指導する必要がある」「教科別の指導を一斉授業の形態で進める際，児童生徒の個人差が大きい場合もあるので，それぞれの教科の特質や指導内容に応じて更に小集団を編成し個別的な手立てを講じるなどして，個に応じた指導を徹底する必要がある」等である。なお，教科別の指導については第9章を参照してほしい。

③　道徳科，外国語活動，特別活動，自立活動の時間を設けた指導

　知的障害特別支援学校では，これらは，特設の時間を設けて指導するよりは，一日の生活や行事等も含めて，学校生活の中で，「各教科等を合わせた指導」中に含んで指導することが多い。

　一方，教科別の指導と同様に，道徳科，外国語活動，特別活動，自立活動の時間を設けて指導する際には，子ども個々の学習上の特性や個々の発達段階等を十分に考慮し，子どもの興味や関心，生活に結びついた具体的な題材を設定し，実際的な活動を取り入れるなど創意工夫をする

ことが大切である。

　障害による学習上又は生活上の困難を改善・克服するために設けられる自立活動については，知的障害特別支援学校では，知的発達の遅れそのものへの対応は，日々の授業等においても対応しているといえる。一方，知的障害のある子どもは，全般的な知的発達の程度や適応行動の状態に比較して，言語，運動，動作，情緒等の特定の分野に，顕著な発達の遅れや特に配慮を必要とするさまざまな状態が知的障害に随伴して見られる。このような状態等に応じて，自立活動の指導が必要となる。

　顕著な発達の遅れや特に配慮を必要とするさまざまな知的障害に随伴する状態とは，たとえば，言語面では，発音が明瞭でなかったり，言葉と言葉を滑らかにつないで話すことが難しかったりすること，運動動作面では，走り方がぎこちなく，安定した姿勢が維持できないことや衣服のボタンかけやはさみなどの道具の使用が難しいこと，情緒面では，失敗経験が積み重なり，自信がもてず絶えず不安が多いことなどである。また，てんかんや心臓疾患なども，随伴する状態等として挙げられる。

　なお，自立活動の時間を特設せずに，各教科等を合わせた指導において，自立活動の指導を含む形で進める場合においても，自立活動についての個別の指導計画を作成する必要がある。なお，自立活動については第10章を参照してほしい。

学習課題

1．知的障害特別支援学校と通常の学校，それぞれの各教科の目標と内
　　容について比較し，知的障害特別支援学校の各教科等の特徴について
　　考えてみよう。
2．インターネットで，さまざまな知的障害特別支援学校の週日課（週
　　時程）を比較して，各学校の特色について考えてみよう。

参考文献

文部科学省『特別支援学校教育要領・学習指導要領解説　総則編（幼稚部・小学
　　部・中学部)』開隆堂出版. 2018
文部科学省『特別支援学校学習指導要領解説　各教科等編（小学部・中学部)』開
　　隆堂出版. 2018
文部省『養護学校小学部・中学部学習指導要領―精神薄弱教育編解説―』教育図書
　　株式会社. 1966
全日本特別支援教育研究連盟『教育実践でつづる知的障害教育方法史』川島書店.
　　2002

6 | 知的障害教育の指導法（1）
─生活単元学習

高倉誠一

《**目標＆ポイント**》　生活単元学習とは，「各教科等を合わせた指導」の代表的なものである。ここでは，知的障害教育を特色づける指導法とも言える「生活単元学習」を取り上げる。その意義と特色，実践方法について理解する。
《**キーワード**》　生活単元学習，テーマのある生活，子ども主体

1．生活単元学習とは

（1）生活単元学習の取り組みから

　高知市立高知特別支援学校の体育館では，夜間や休日に，市内在住の車いすラクビーのチームが練習に励んでいる。このチームの一人が日本代表選手に選ばれ，パラリンピックに出場することが話題となり，中学部の生徒と選手との交流が始まった。パラリンピック開催年になると，テレビ等で選手たちの活躍が盛んに紹介され，生徒の間に選手たちを応援したいという気持ちが高まっていった。こうした気持ちを受けて取り組んだ単元が，「高知市の池選手と車いすラクビーチーム『フリーダム』を応援しよう」である。

　単元は，車いすラクビー選手とその所属チームへの「応援」をテーマに取り組むものである。中学部の生徒28名と教師24名のメンバー全員で取り組む学部単元となるため，大きく2つの活動（グループ）に分けて進める。一つのグループは，普段から取り組んでいる作業製品を手作

図6-1　エールバッグ

図6-2　応援旗の制作

りのバッグに詰め合わせた「エールバッグ」を作って販売し，その売り上げの一部をチームの活動資金として寄付する。もう一つのグループは，大きな応援旗や応援幕などの制作を行う（図6-1，図6-2）。

　この学校では，生徒による主体的な活動を大事にしていることから，行事など大きなイベントがあるたびに生徒による「実行委員会」を組織して，できるかぎり生徒が主体となって活動運営を担うようにしている。本単元では，生徒の間から近隣の学校の子どもたちにも声をかけて一緒に応援したいという声があがったことから，旭小学校の5年生にバッグのタグ作り，高知商業高校美術部の生徒には，応援旗等のデザインの協力を仰ぎ，実行委員の生徒が，オンラインで打ち合わせをしながら活動を進めた。

　教師は，どの生徒も活躍できるように役割や分担を配慮し工夫するとともに，生徒一人ひとりが自分の役割をしっかりと成し遂げられるように手立てを尽くす。テーマに関する活動に打ち込み，存分に取り組めるように，午前中の2時間をこのテーマの活動にあて，めいっぱい取り組む。それでも1週間ではとうてい収まらない活動である。約4週間をこの活動にあて，毎日のように繰り返し取り組む。当初は戸惑っていた生

徒も，しだいにめあてと見通しがもて，自ら主体的に取り組む頼もしい
姿になる。

　単元の締めくくりとしてのチームの選手への贈呈式では，中学部の生
徒は近隣校の子どもたちと共に「フレーフレー」と力一杯に応援のエー
ルを送る。選手一人ひとりから心のこもったメッセージをいただき，静
かな感動を味わいながら，打ち込んで取り組んだ満足感とやりとげた成
就感に満たされた単元活動となった。

（2）生活単元学習とは

　解説各教科等編では，生活単元学習について，次のように規定してい
る。

　「生活単元学習は，児童生徒が生活上の目標を達成したり，課題を解
決したりするために，一連の活動を組織的・体系的に経験することに
よって，自立や社会参加のために必要な事柄を実際的・総合的に学習す
るものである」

　子どもにとって，やり遂げたい生活上の目標や課題（以下，「テーマ」）
があれば，どの子どもも意欲的に主体的に取り組む。自分自身でうまく
できる手応えがあれば，さらに熱心に取り組む。テーマやめあてがあ
り，満足がいく生活ができれば，日々は充実し，より主体的に生活上の
諸課題に取り組めるようになる。こうした考え方を取り入れた実践の方
法の一つが生活単元学習である。

　生活単元学習とは，一定期間，一定の生活上のテーマに沿って，一連
の活動に取り組む過程であるとも言える。テーマに沿った一連の活動を
単元活動といい，単元活動の計画・展開に関わる教師の支援的対応が指
導となる。

　生活単元学習では，テーマの実現を目指して活動する過程で，それぞ

れの子どもが個性と力をめいっぱい発揮し，その子らしい活躍をして，仲間と共に達成感や満足感を味わうことを目指す。

2．生活単元学習の意義と特色

生活単元学習は，生活上のテーマに関する実際的・総合的な活動に，子ども自身が主体的に取り組む姿を実現することに大きな特色がある。

受動的な立場に置かれがちで，主体的に取り組む経験や，成し遂げる体験が少ない子どもたちである。だからこそ，教師の支援的対応のもと，子どもの主体性と持てる力の最大限の発揮を目指す。

冒頭の単元のように，テーマに沿った実際的な活動に，連続的・発展的に取り組めば，めあてや見通しがもちやすい生活になる。めあてや見通しをもって取り組むようになれば，子どもの姿は，ますます，自立的・主体的となる。仲間と共に取り組み，力を合わせて成し遂げることができれば，大きな満足感や成就感を味わうことができる。

生活単元学習を，学校生活の中心に位置付ければ，子どもにとって，今日に満足し，明日を楽しみにする豊かな学校生活が年間を通して実現できる。生活単元学習は，やりようによっては，一授業・一活動にとどまらず，学校生活全体を整え，質の高い日々を生み出すことができるのである。

3．生活単元学習のいろいろ

生活単元学習のテーマはさまざまである。生活上のありとあらゆることがテーマとなるからである。毎年繰り返される「学校祭」や「運動会」等の学校行事は代表的なテーマの例であるが，「いただいたウサギの小屋を作ろう」「被災地へ見舞品を送ろう」等のように，突発的・偶発的な出来事がテーマとなることもある。その他，「学校の花壇をきれ

表6-1　生活単元学習のテーマの例

主な活動	テーマの例
遊ぶ活動	「〜ランドで遊ぼう」,「乗り物に乗って遊ぼう」,「築山で芝すべり」,「じゃぶじゃぶプールで遊ぼう」
作る活動	「つくろうとどけようみんなのカレンダー」,「竹炭を作ろう」,「ウサギ小屋を作ろう」,「手作りプランターを被災地に届けよう」
飼育・栽培	「花いっぱい大作戦」,「めだかがほしい」,「卒業生に花束を」
働く活動	「ひまわりキャンプ場を作ろう」,「しいたけ班の発生舎を作ろう」,「国体の記念品を作ろう」,「公民館をきれいにしよう」
調理活動	「魚の料理を作ろう」,「喫茶店をしよう」,「レストランを開こう！」
スポーツ・演劇等	「球技大会」,「お楽しみ会で出し物を」,「ブレーメンの音楽隊」
外出や外泊	「歩こう歩こう大山へ」,「花見川にサイクリング」,「房総半島縦断70 km」,「デイキャンプを楽しもう」
学校行事や季節行事	「運動会」,「学校祭」,「お別れ会」,「修学旅行」,「クリスマス会」

いに」「壊れたウッドデッキを直そう」など当面の生活上の諸課題がテーマになることもある。いずれにしても，その時期の多くの子どもたちが興味・関心をもつであろうことがテーマとなる。表6-1は，テーマの例を便宜的に活動別で示したものである。このように，生活単元学習は，子どもたちに即して，いかようにも多種多様な取り組みができるのである。

4．生活単元学習の計画

（1）週日課の設定

　めあて・見通しをもちやすく，規則的でまとまりのある学校生活を必要とする子どもたちである。小学校や中学校などのように，モザイク状に構成された日課は避けたい。そこで，できるだけ月曜日から金曜日まで，生活単元学習を帯状に設定する。このような週日課を「帯状の日

	月	火	水	木	金
	登　校				
8:30	日常生活の指導				
8:50	特別活動	保　健　体　育			
9:35					
9:45	課題別学習				
10:30					
10:40	生活単元学習／作業学習				
12:20	給　食 昼　休　み				
13:20	課題別 学習	音楽	日常生活 の指導	音楽	総合的な 学習の 時間
14:05					
14:15	日常生活の指導		下校 14:00	日常生活の指導	
15:20	下校　15:20			下校　15:20	

図 6-3　日課表の例
（高知市立高知特別支援学校中学部，令和 2 年度）

課」と呼称することもある。例を図 6-3 に示す。

　帯状に設定することにより，子どもにとっては，「次は〜をする」「明日は〜をする」というように，めあて・見通しがもちやすい状況になる。連続的・発展的に活動に取り組むことで，子どもの気持ちも活動も盛り上がる。毎日繰り返す中で，より上手に，よりよく取り組めるようになる。

　子どもたちが十分に活動できるように，ある程度まとまった時間を確

保することも大切である。準備と片付けの時間だけで時間を割かれてしまい，実質の活動時間はごくわずかということにもなりかねない。

（2）年間計画

　生活単元学習は，一定のテーマのもと，その時期の生活を豊かにまとめることができる。一年間の生活に節目やまとまりをつけることもできる。年間計画の作成では，その時期に子どもと教師でどんなテーマで生活することがふさわしいか検討し，単元を配置する（図6-4）。

　はじめに，「運動会」等の学校行事など，全校で取り組む恒例の単元を配置する。次いで，学部単位で取り組む時期を定め，単元を配置する。最後に，学年・学級単位の単元を配置する。

　当初予定していた単元が，突発的・偶発的な出来事をきっかけに変わることもある。子どもの興味・関心が予想を超えて変わることもある。そこで，年度当初の単元や学校行等，想定できるテーマだけ定めておき，その他の時期の単元のテーマは「X」としておくこともある。その時期の間近になって，具体化を図るというわけである。

　一年間の生活で緩急をつけていく視点も大事にしたい。学校全体あるいは学部全体で大きな単元を終えたあとは，すこしゆったりとした学級の単元を設定するなど。単元と単元の間は，切り替えも含めて，数日あけて余韻に浸りながら生活するなどのように。

　なお，単元期間は数週間から1年に及ぶものもあるが，あまり長い期間にわたり一つの単元を設定するのは避けたほうがよい。活動が間延びしがちで，子どもにとってもめあて・見通し，意欲が保てなくなる。テーマと活動にもよるが，おおむね2～3週間前後を設定することが多い。

月	学校生活のテーマ				
	生活単元学習		作業学習		
	1・2・3年		レザークラフト	石けん	コーヒー
4	4/16〜5/1 1A マスクを自分で作ろう 1B 防災かまどでまきまきパンを作ろう	4/16〜5/1 2A ボウリングを作って遊んで，仲良くなろう！ 2B 運動場をきれいにしよう	4/16〜5/1 にこにこふれあいフェアに向けて雑貨を作ろう		
5	5/7〜5/21 わたしたち，草引き隊！				
6			5/29〜7/3 「oflove」製品をたくさん作って届けたい		
7	7/6〜7/31 竹の器で手打うどんを食べよう	7/6〜7/31 オープンざ市特に向けて準備をしよう	7/6〜7/31 手づくりを楽しもう		
8					
9	9/7〜9/23 防災デイキャンプをしよう		9/24〜10/9 レザークラフト班 さくらの森学園に納品しよう 石けん班 新製品の oflove 石けんを作ろう コーヒー班 秋シリーズの oflove コーヒーを作ろう		
10	10/13〜10/30 公民館をきれいにしよう				
11	11/4〜12/4 杉の子 days oflove 感謝ウィーク！　〜まってました！やっとできる！販売会！〜				
12	12/7〜12/25 1A お菓子作りに挑戦しよう 1B 2020年をふりかえろう	12/7〜12/25 2A クリスマス会のかざりを作ろう 2B 学部集会をしよう	12/7〜12/25 クリスマスパーティーをしよう		
1	1/12〜2/5 高知の池選手と車いすラグビーチーム（フリーダム）を応援しよう				
2			2/9〜2/26 1年間をしめくくろう！		
3	3/1〜3/17 3年生に「ありがとう！」って伝えよう	3/1〜3/17 卒業制作			

図 6-4　年間計画の例
（高知市立高知特別支援学校中学部，令和 2 年度）

（3）テーマと活動の設定

単元のテーマと活動は，子どもの年齢や様子，思いや気持ち，興味・関心事，時期や季節，学校行事等に応じて，さまざまなものが取り上げられる。いずれにしても，大切にしたい視点は，その時期の子どもたちが求めるであろうテーマと活動にすることである。生活単元学習は，子どもの主体的取り組みをなによりも重視するからである。

大切にしたいもう一つの視点は，生活年齢に応じたテーマと活動にすることである。高等部の生徒に，小学部段階で設定されることの多い「〜ランドで遊ぼう」というテーマ・活動はふさわしくない。子どもが求めていることと，教師が子どもに必要と考えることが，時に一致しないこともある。その場合には，その年齢の，その時期の子どもが求めてもよいはずのテーマ・活動と判断することもあってよい。

（4）単元展開—単元の進め方と日程計画

単元展開の立案では，テーマを実現する上で必要な活動，関連する活動を日程に沿って位置付け，計画する。こうした単元展開上の計画は単元の「日程計画」となって具体化される。日程計画では，次の諸点が考慮される。いずれも，どの子も主体的に，思いと力の発揮を願っての手立てである。

　○めあて・見通しがもちやすいように
　○意欲や期待感が高まるように
　○意欲が持続し，気持ちが盛り上がるように
　○単元に関連した活動を組み込み，単元一色の生活となるように
　○やり遂げた満足感・成就感が味わえるように
　○繰り返し活動できるように
　○存分に活動するように　　　など

　冒頭の単元の進め方の工夫・手立てと日程計画をそれぞれ表6-2と図6-5に示す。

表6-2　単元活動の進め方の工夫・手立ての例
（単元「高知市の池選手と車いすラグビーチーム『フリーダム』を応援しよう」から一部抜粋，高知市立高知特別支援学校中学部，令和2年度）

〈生徒主体の活動計画の進め方〉
・生徒主体の活動として取り組めるように，各クラス代表による「実行委員会」を立ち上げ，オリエンテーションや制作，近隣校との連絡・調整についての企画・運営を行う。
・「エールバッグ」の完成に向けて勢いがつくように，単元序盤に，「エールバッグ」の中身となる3作業班による製品作りを一斉に行う。
・作業に自信をもち，繰り返し活動できるように，「エールバッグ」「応援グッズ」の2グループに分かれて，得意な活動や好きな活動を生かした作業を担当する。
・全校や家庭，交流校で話題となるように，実行委員が中心となって単元ニュースを発行する。
・達成感や満足感いっぱいに単元を締めくくれるように，単元後に贈呈式を設定し，池選手に応援グッズの贈呈を行い，交流校と共にエールを送る。
〈主体性を支える場の設定・道具や補助具などの工夫〉
・作業がスムーズに進むように，各作業班，グループの作業工程や環境を整える。
・一人ひとりが作業をしやすいように，扱いやすい道具を用意したり，補助具を工夫したりし，適宜，様子に合わせて修正や改善を行う。
・エールバッグ作りでは，着色や染色の際に材料を乾かしやすいように，物干し台を設置しておく。
・実行委員会と交流校との連携がスムーズにできるように，リモート会議の設定や環境を整える。
〈共に活動しながらの支援〉
・応援の雰囲気が盛り上がり，贈呈式への期待感が高まるように，教師も共に作業を進めながら，折に触れてエールバッグの販売について話題にしたり，作業の進捗状況を確認しあったりする。
・市特市当日は，たくさんのお客さんに応援の協力をしてもらえるように，エールバッグを生徒と共に販売したり，ピーアールなどの活動をしたりする。

月日	曜	主な活動	関連する活動
1/12	火	オリエンテーション	「実行委員会」
13	水	エールバッグ用作業製品作り	・単元ニュースの発行
14	木	レザークラフト班　　石けん班　　コーヒー班	・近隣校への連絡調整
15	金		・「市特市」販売準備
18	月	エールバッグ　　応援グッズ　　応援幕の	・贈呈式の企画準備
19	火	グループ　　　グループ　　　染色	（毎週金曜日2校時）
20	水		
21	木		
22	金	エールバッグ　　応援旗作り	
25	月	作り　　　　応援メッセージ	
26	火	作り	応援団（希望者）
27	水		・贈呈式に向けて
28	木		応援練習
29	金		各作業班
30	土		・「市特市」販売準備
2/2	火		
3	水		各学級
4	木		・贈呈式に向けて
5	金	学部内お披露目会・「市特市」準備	準備活動
6	土	「市特市」	
9	火	後片付け・市特市会計処理	
10	水	振り返り	

図6-5　日程計画の例
（単元「高知市の池選手と車いすラグビーチーム『フリーダム』を
応援しよう」，高知市立高知特別支援学校中学部，令和2年度）

5. 実践上の要点

(1) 必要不可欠な「できる状況づくり」

　生活単元学習では，テーマに沿った活動に，どの子どもも自分から，自分でめいっぱい取り組む姿の実現を目指す。

　知的障害は生活・活動の諸側面に支援を必要とする障害である。上記のような子どもの姿の実現を目指せば，生活・活動そのものを対象とし

た包括的な配慮や手立てを講ずることが不可欠となる。

　知的障害教育では，このような配慮や手立てを「できる状況づくり」と説明することが多い。この「できる状況づくり」は，単元テーマと活動を錬る段階から始まっているものであり，週日課，年間計画，日程計画の配慮・手立ても，全て「できる状況づくり」に含まれる。

（2）「できる状況づくり」の具体化

　できる状況づくりを具体化するにあたって，大切にしたい視点は4つある。

　1つ目は，指導・訓練してできるようにするのではなく，「今の子どもの状態で」できるようにすることである。そうすることで，より自分から自分でめいっぱい活動できるようになるからである。2つ目は，活動のできにくい子ども，重い障害のある子どもだけでなく，どの子にもできる状況づくりを講じるということである。どの子どもも「よりよく」取り組めるようにである。3つ目は，どの子どもも同時に主体的なよい姿で取り組めるようにすることである。個人差の大きい子どもたちだからこそ，テーマに沿った活動に，どの子どもも「同時に」取り組める状況づくりが必要となる。4つ目は，テーマに沿った活動に，「教師も共に取り組む」ことである。教師主体でなく，子ども主体の活動となるように，教師もテーマ・活動を共にしながら，さりげなく支えることが必須となる。

　テーマや活動概要が概ね定まった次の段階として，個々の子どもへの「できる状況づくり」を検討する諸点について述べる。

①　分担や役割等の検討

　一人ひとりの子どもを想定し，それぞれの子どもが得意な活動，できそうな活動，好きな活動，がんばればできそうな活動，子ども本人が希

望する活動を考慮し，分担等を検討する。冒頭の単元における，「エールバッグ作り」の個別の指導計画を表6-3に示す。工程を複数に分けて分担することにより，子どもの様子に応じて分担等を割り振るようにしている。また，個々の子どもの様子とねがいに応じて，子どもが自分で分担を成し遂げることができるように細やかに手立てを講じている。

表6-3　個別の指導計画の例
（単元「高知市の池選手と車いすラクビーチーム『フリーダム』を応援しよう」，高知市立高知特別支援学校中学部，令和2年度）

分担	生徒	様子	ねがい	手立て
ホッチキス留め	aさん 2年	・途中で疲れて集中が途切れてしまうことがあるが，手順を覚えてホッチキス留めをしている。	・目標の枚数をホッチキス留めしてほしい。	・事前に目標の枚数を確認し合う。・教師が隣で作業しながら励ましの言葉がけをする。
ホッチキス留め	bさん 2年	・留める間隔にバラつきが出ることがあるが，次々とホッチキス留めをしている。	・正しい場所にホッチキス留めをしてほしい。	・正しい位置にホッチキス留めができるように，印を付けた補助具を用意しておく。
針つぶし	cさん 1年	・ホッチキスの針の山が平らになっていない時があるが，自分のペースで針をつぶしている。	・ホッチキスの針の山を平らになっているかどうか確認してほしい。	・ホッチキスの針の山が平らにつぶせているかどうか確認できるように，見本と持ちやすい形状の金槌を用意しておく。
底開き	dさん 1年	・底の折り目を十分に付けられていないこともあるが，友達と協力しながら，型台に袋を入れ，底を開いている。	・型台の印まで袋を押し込み，型台の角に沿って折り目を付けてほしい。	・どこまで入れればよいかが分かるように型台に印を付けておく。・折り目の付いた見本を用意しておく。
底開き	eさん 3年	・力加減がわからず袋を押し切れないことがあるが，友達と協力しながら，型台に袋を入れ，底を開いている。	・型台に袋を入れる時，力強く引っ張り，底をしっかり開き，型をつけてほしい。	・力が入りやすいように滑り止めのついた作業用手袋を用意しておく。
まち接着	fさん 3年	・休憩を入れながら，教師と共に袋のまちの部分に接着剤を塗っている。	・できるだけ多くの袋に接着剤を塗ってほしい。	・タイマーが鳴ることをきっかけにして，接着剤を塗れるように決まった枚数を用意しておく。
底紙貼り	gさん 2年	・集中が途切れることがあるが，気分が乗ると刷毛を使って接着剤を底紙に塗っている。	・できるだけたくさん接着剤を底紙に塗ってほしい。	・材料を多めに用意しておく。・気分転換できるように袋を干すなど他の活動を用意しておく。

②　活動グループの編制

　大人数での取り組みになる時は，子ども一人ひとりの様子や，仲間や教師との関わり等を考慮して，グループ編制を行うとよい。子どもにとって活動が焦点化され，よりめあて・見通しがもちやすくなる。冒頭の単元では，「エールバッグ」と「応援グッズ」の二つのグループに分けて編制している（図6-5）。

③　活動の繰り返し

　できるだけ，一定の主要な活動に繰り返し取り組めるようにする。障害の重い子どもには，めあて・見通しがもちやすくなる。自分から取り組みやすくもなる。障害の軽い子どもは，より早く，より上手に取り組めるようになる。調理等の活動でも同様である。日替わりにメニューを変えるよりは，具や味付けを変えるなど工夫して，同じ手順で作るメニューを繰り返すほうがよい。

④　遊具・活動の場の設定

　活動の流れや活動のしやすさを考慮して，場の設定をする。工程順に場を配置すると活動が流れやすく，子どもにとってわかりやすくなる。仲間同士が見合える配置にすると，一体感が高まる。材料や道具などの配置，安全性などについても配慮する。

⑤　道具・補助具等の工夫

　子どもの体の動きや体格に合わせて，道具の大きさを変えたり，机や椅子の高さ等を調整したりするだけでも，よい姿で取り組むことができるようになるが，さらに遊具・道具・補助具等も含め，徹底して使いやすくする。工夫次第で活動に取り組みやすくなるばかりか，より正確に，より上手に，より多く作ることが可能になる。

⑥　活動量の確保

　どの子どもも，めいっぱい取り組めるだけの活動量を確保する。子ど

もが活動に手応えを感じられる状況をつくることができれば，子どもは多少の活動量をものともせず力を発揮し，たくましい姿を見せてくれるようになる。

⑦　教師も共に取り組む

「できる状況づくり」の最も有効な手立てであり，生活単元学習において，教師に求められる本質的な姿勢でもある。

教師が子どもとテーマを共有し，共に活動することは，子どもにとっての何よりの励ましとなり，支えになる。共に活動することで，子どもの思いや必要な支援についても感じ取ることができる。共に活動することで，活動も盛り上がり，満足感・成就感も大きくなる。

教師が腕組みして監督然としているような雰囲気では，子ども主体の活動にはなり得ない。一方，「子どもにしてあげる」対応では，子どもの主体的な姿となりにくい。子どもと共に活動しながら，励まし，さりげなく支える姿勢が求められる。

学習課題

1．子どもの頃に夢中になった遊びや活動を振り返り，テーマ設定と単元計画を想起してみよう。たとえば，「公園に秘密基地作り」など。
2．その上で，知的障害のある子どもが活動に主体的に取り組めるようにするために，どのような手立てが必要か考えてみよう。

参考文献

小出進『知的障害教育の本質―本人主体を支える』ジアース教育新社．2014

文部科学省『特別支援学校学習指導要領解説　各教科等編（小学部・中学部)』開
　隆堂出版．2018

高知市立高知特別支援学校『第 8 回自主公開授業研究会　開催要項・支援案』2021

7 知的障害教育の指導法（２）
—作業学習

高倉誠一

《**目標＆ポイント**》　作業学習は，「各教科等を合わせた指導」の一つである。主に青年期にある生徒を対象に，知的障害特別支援学校の中学部及び高等部や中学校の知的障害特別支援学級で行われることが一般的である。
　作業学習には，校内で行われるいわゆる「作業」や「校内実習」と，働く場を校外に移して行われる「産業現場等における実習」（一般に「現場実習」や「職場実習」とも呼ばれている）がある。ここでは，校内の「作業」について取り上げる。作業学習の意義や特色，実践方法について理解する。
《**キーワード**》　作業学習，生徒主体，実践方法

1. 作業学習とは

（1）作業学習の取り組みから

　山形県立米沢養護学校の高等部では，教育課程に「作業学習」を大きく位置付け，生徒による主体的な取り組みを積み重ねることで，働くことのやりがいや喜びを実感できる豊かな日々を実現することを大事にしている。
　高等部の作業種目は，「木工」「石けん製造」「窯業」「コーヒー製造」「縫製」があるが，このうち，ある年の５月に行われた「縫製班」の単元「米織バッグを作って，米織会館に納品しよう」の様子について紹介する。
　縫製班は，１年生２人，２年生４人，３年生３人の生徒９名と教員６

名の構成である。新入生は入学後すぐの「作業体験オリエンテーション」で縫製班を選んだ生徒たちである。4月に行われた単元「縫製班の仕事を覚えよう」では，縫製班の仕事を体験したり，ミシンやアイロンの基本的な使い方を覚えたりしながら，比較的手軽に作ることのできるコースター作りに取り組んだ。新入生はミシンの扱いに慣れ，製品作りへの意欲が高まったようであった。5月には，いよいよ「米沢織」を使った本格的な製品づくりに取り組む。単元「米織バッグを作って，米織会館に納品しよう」のスタートである。「米沢織」は，江戸時代から続く伝統工芸の織物である。高級な材料であるが，地元の工業組合の協力により，端切れを安価で分けてもらったり，サンプルの布を無償でもらったりして材料として使うことができている。新入生たちは，手触りよく，つやつやと光る織物を前に，表情が引き締まる。

　作業は，「裁断」「持ち手作り」「ポケット作り」「表布と内布の縫い合わせ」「わき縫い」「口縫い」と工程を分け，生徒の得意なことや好きなことを生かして分担して進める。製品には，地域団体の商標マークのタグも取り付ける。製品作りのほか，織地の購入や納品先への連絡，ディスプレイや包装なども生徒が分担して行う。

　新入生は，上級生と共に本格的な製品づくりに取り組む中で，丁寧に正確に仕事に取り組むようになる。生徒だけでなく教師も作業の一工程を担いながら，必要に応じてさりげなく生徒を支援する。納期が近づき，集中が高まると，作業室は，作業をする音だけが気持ちよく響く空間になる。

　単元の終わりに迎えた納品の日。縫製班の生徒全員で米織会館に納品に向かう。無事に納品を終えた帰り道，喫茶店に立ち寄る。生徒と先生は，安堵とともに1か月を振り返りながら「お互いよく頑張ったね」と満足感と達成感を分かち合った。

（2）作業学習とは──その意義と特色

解説各教科等編では，作業学習について，次のように規定している。

「作業学習は，作業活動を学習活動の中心にしながら，児童生徒の働く意欲を培い，将来の職業生活や社会自立に必要な事柄を総合的に学習するものである」（高等部の解説では，「児童生徒」を「生徒」と読み換え）

卒業後は，働く生活が中心となる。働く意欲を培うには，なによりも児童生徒（以下，「生徒」と略す）自身が働くことのやりがいや手応えを感じることが大切となる。

働くやりがいや手応えは，生徒自らの主体的取り組みによってこそ得られる。そのため作業学習では，本格的な働く活動に，生徒の主体的な取り組みの実現を図る。販売会や納品といった目標やテーマの実現に向け，仲間と共に，「できた」「やれた」「がんばった」「やりきった」等々の味わいや経験を積み重ね，将来の生活に必要な知識・技能・態度等を含め総合的に学習しようとするものである。

作業学習は，各種職業の就業に向けて準備する，いわゆる職業教育とは異なる。作業学習で取り扱われる作業活動の種類は，農耕，園芸，紙工，木工など多種多様であるが，当該作業種での就労に向け，必要な知識・技能・態度等の育成を目的とするものではない。解説各教科等編が示すように，作業学習の成果を直接，生徒の将来の進路等に直結させることよりも，生徒の働く意欲を培いながら，将来の職業生活や社会自立に向けて基盤となる資質・能力を育むことができるようにしていくことが重要である。

作業学習では，仲間と共に取り組むことを大切にする。仲間と共に成し遂げることは，働く活動の大きなやりがいや手応えの一つであるからである。働く活動は元来種々の活動を含む。生徒の障害の状態等が多様

であっても，役割や分担，個々の生徒への支援を工夫することにより，同じ目標やテーマのもと，それぞれが力を発揮しつつ，共に取り組むことができる。

　作業学習を学級・学校生活の中心に据え，生徒がテーマやめあてをもって自ら取り組む日々になれば，学校で青年期らしくたくましく生活する姿になることが期待できる。作業学習は，学校生活の充実を図りつつ，卒業後の生活に円滑につなげていく役割・機能ももつのである。

2. 作業学習の計画

（1）作業種目の選定

　作業種目は，農耕，園芸，紙工，木工，縫製，織物，金工，窯業，セメント加工，印刷，調理，食品加工，クリーニング，リサイクルなどのほか，販売，清掃，接客，工場からの受注作業など，多種多様である。

　作業種目の選定では，生徒と教師数，作業室や農耕用地の数や広さ，施設設備等の条件，地域の特色等を考慮して，作業種目の選定を行う。

　解説各教科等編では，「作業学習の指導に当たっては，以下のような点を考慮することが重要」として，次の6つの事項を挙げている。作業種目の選定要件と重なる事項でもある。

　　（ア）児童生徒にとって教育的価値の高い作業活動等を含み，それらの活動に取り組む意義や価値に触れ，喜びや完成の成就感が味わえること。

　　（イ）地域性に立脚した特色をもつとともに，社会の変化やニーズ等にも対応した永続性や教育的価値のある作業種を選定すること。

　　（ウ）個々の児童生徒の実態に応じた教育的ニーズを分析した上で，段階的な指導ができるものであること。

（エ）知的障害の状態等が多様な児童生徒が，相互の役割等を意識し
ながら協働して取り組める作業活動を含んでいること。

（オ）作業内容や作業場所が安全で衛生的，健康的であり，作業量や
作業の形態，実習時間及び期間などに適切な配慮がなされてい
ること。

（カ）作業製品等の利用価値が高く，生産から消費への流れと社会的
貢献などが理解されやすいものであること。

（2）作業班編制

それぞれの作業班を，どの生徒と教師で構成するか。すなわち，作業
班編制に当たっては，生徒の希望や適性等を考慮して決める。その際，
能力別の作業班編制は避けるようにする。作業に困難性のある生徒を集
めた作業班を設けても，まとまりや活気のある班とすることが難しくな
り，製品・生産物等を通しての地域との関わりも困難になるからであ
る。先の解説各教科等編が示す「（エ）知的障害の状態等が多様な児童
生徒が，相互の役割等を意識しながら協働して取り組める作業活動を含
んでいること」を踏まえれば，それぞれの生徒がハンディを補い合っ
て，仲間と共に取り組む作業活動になるよう，手立てを講ずる必要があ
る。

生徒の作業班の所属期間は，1年間は同じ班で取り組むことを原則と
したい。多様な経験をということで，所属班を短期間で変えることは，
仕事のやりがいや手応えが感じられにくいばかりか，技能等もかえって
身につきにくくなるからである。

（3）週日課の設定

作業学習の週日課の位置付け方は，学級や学校によりさまざまである

が，生徒主体に取り組む日々を実現しようとすれば，作業学習を軸とする日課になるようにする。解説各教科等編では，知的障害のある子どもの学習上の特性等を踏まえ，教育的対応の基本として，「児童生徒が，自ら見通しをもって主体的に行動できるよう，日課や学習環境などを分かりやすくし，規則的でまとまりのある学校生活が送れるようにする」とある。一日の生活の流れの中に，作業学習を毎日同じ時間に位置付けることで，生徒が主体的に取り組める状況になるばかりでなく，まとまりと規則性のある生活が実現できる。

　図7-1および図7-2は，冒頭例の学校の中学部及び高等部の週日課である。いずれも作業学習を一日の中で，最も活動しやすい時間帯に月曜日から金曜日まで帯状に設定している。こうすることで，生徒にとって一日の日課が理解しやすくなるばかりでなく，生徒が連続的・発展的に活動に取り組めるようになる。

	月	火	水	木	金
	登校　8:55				
1校時 8:55～9:45	日常生活の指導（着替え等）				
2校時 9:45～10:35	生徒会 活動	生活単元学習			
3校時 10:35～11:25	生活単元学習／作業学習				
4校時 11:25～12:15					
5校時 12:15～13:05	日常生活の指導（給食）				
13:05～13:40	昼休み				
6校時 13:40～14:30	生活単元学習／作業学習				
14:30～14:45	下校準備				
	下校　14:45				

図7-1　中学部の週日課

	月	火	水	木	金
	登校　8:45				
1校時 8:50～9:40	日常生活の指導（着替え等）				
2校時 9:40～10:30	生徒会 活動	作業学習			生活単元 学習／ 作業学習
3校時 10:35～11:25					
4校時 11:25～12:15					
5校時 12:20～12:55	日常生活の指導（給食）				
12:55～13:40	昼休み／清掃				
6校時 13:45～14:35	音楽／保健体育／ 生活単元学習／作業学習				生活単元 学習／ 作業学習
14:35～15:00	下校準備				
	下校　15:00				

図7-2　高等部の週日課

（いずれも山形県立米沢養護学校，令和4年度）

（4）作業学習の単元化と年間計画

　高等部段階になると年間を通して恒常的・継続的に作業学習に取り組むことが多いが，生徒にとってのめあて・見通しを確保しないと，ただ作業活動を強いられるだけの時間になってしまう。

　そこで，生徒が意欲的に作業活動に取り組めるよう，作業学習の単元

	単元名	主な活動
4/19〜5/2	縫製班の仕事を覚えよう	・糸掛け，直線に縫いなどミシン操作を行う ・キーホルダーなどの小物製品を作る
5/9〜6/3	米織バッグを作って，米織会館に納品しよう	・米沢織について知る ・校外学習（米織会館） ・生地の購入や地域団体商標登録を依頼する ・米織の生地を使ったバッグの製作と納品をする
6/21〜7/19	米養高等部バザー夏を成功させよう	・バザー夏に向けて製品の製作や販売の準備をする（米織バッグ，ユニカラーバッグ，米織キーホルダー，マグネット） ・チラシ配り ・米養高等部バザー夏 ・1学期お疲れ様会
8/23〜10/6	米織バッグを作って，米織会館に納品しよう2	・米織バッグ，米織キーホルダー，米織マグネット，米織ネームホルダーの製作 ・米織会館への納品
10/19〜11/15	よねようバザーを成功させよう	・バザーに向けて主にバッグの製作をする。販売の準備をする ・米織バッグ，米織キーホルダー，米織マグネット，米織ネームホルダー，米織ポケットティッシュケース，ユニカラーバッグの製作 ・チラシ配り ・よねようバザー ・バザーお疲れ様会
11/16〜12/20	米織バッグを作って，米織会館に納品しよう3	・米織バッグ，米織マグネット，米織ネームホルダーの製作 ・㈲近賢織物見学 ・米織会館へのインタビュー，納品 ・2学期お疲れ様会
1/11〜2/27	米織会館で米養フェアをしよう	・米織バッグ，米織キーホルダー，米織マグネット，米織ネームホルダーの製作 ・宣伝活動 ・米織会館への納品 ・お疲れ様会
3/1〜3/8	3年生へのプレゼントを作ろう	・卒業生を送る会 ・バッグのプレゼント

図7-3　年間指導計画の例
　　　　（山形県立米沢養護学校高等部，令和4年度）

化を図る。単元化とは，折々の作業活動にテーマを設定し，その実現を目指して，一連の活動に取り組み，成し遂げられるようにすることである。

　図7−3は，冒頭の縫製班の年間指導計画である。一年間の中に，数週間の期間による単元がいくつも設定されていることがわかる。取り組みの目標でもあるテーマがあるからこそ生徒はめあてをもって意欲的に作業活動に取り組むことができる。期間を定めて取り組むことで，作業活動のマンネリ化を防ぎ，テーマを成し遂げた達成感や成就感を味わえる。

　年間計画は，こうした生活を年間を通じて実現できるようにするためのものである。計画にあたっては，学校祭での販売会や，産業現場等の実習等，毎年のように同じ時期に繰り返される単元を先に定め，次いで，販売先への納品など作業班ごとの単元を配置する。このように一年間の作業学習に節目を設けることで，時期ごとにまとまりのある生活に整えることができる。

（5）単元展開—単元の進め方と日程計画

　図7−4は，冒頭の縫製班の日程計画である。

　表7−1は，単元の進め方における工夫・手立ての諸点である。単元初めには，生徒のめあて・見通しを確保し，テーマ実現への期待感が高まるような手立てを講ずる。作業が始まったら，取り組みへの意欲を持続し，活動に勢いをつけるような手立てを講ずる。販売会や納品などを終えた最後には，納会や打ち上げなどを行い，満足感・成就感いっぱいに単元を終えるようにする。

月日	主な活動内容	その他の活動
5月9日（月）	○導入 ・米織バッグの製作工程について知る ・米織会館からのビデオメッセージ ・納品までの予定を知る	○ミーティング
10日（火）	○工程の確認，目標数の設定 ○米織バッグの製作	○ミーティング
11日（水）		
13日（金）		○清掃 ○ミーティング
17日（火）		
18日（水）		
19日（木）		○清掃 ○ミーティング
20日（金）	○校外学習 ・米織会館（地域団体商標権の申請，米沢織袴地・タグの購入，陳列場所等の見学）	
24日（火）	○米織バッグの製作	
25日（水）		
26日（木）		
27日（金）		○清掃 ○ミーティング
31日（火）		
6月1日（水）		
2日（木）	○納品準備 ・値札，タグ付け ・製品紹介用ポップ作成	○ミーティング
3日（金）	○校外学習 ・米織会館へ納品，商品の陳列 ・お疲れ様会	

図7-4　日程計画の例
（単元「米織バッグを作って，米織会館に納品しよう」，山形県立米沢養護学校高等部，令和4年度）

表 7-1　単元活動の進め方の工夫・手立ての例

（単元「米織バッグを作って，米織会館に納品しよう」，山形県立米沢養護学校高等部，令和 4 年度）

〈単元全体〉

・納品に向けて意欲的に取り組めるように，単元の導入時に米織会館のスタッフの方からいただいたビデオメッセージを視聴する。

・一週間の作業に見通しをもったり，めあての達成状況を確認し意欲につなげたりできるように，週の終わりにミーティングを設定する。

・納品や製品の陳列をイメージできるよう，単元中盤に校外学習を設定し，米織会館へ行く。その際，米織への親しみが増すように，スタッフの方に米織について説明を聞いたり，バッグの材料となる袴地を自分達で選んで，購入したりする。

・納品，陳列後は，互いの頑張りを認め合う場としてお疲れ様会を行う。また，今後の製作意欲につながるように，売れ行きなどについて定期的に米織会館に連絡を取る。

〈製作〉

・被服室に来た生徒から自主的に仕事を進めることができるように，材料を準備しておいたり自分で準備しやすいように材料や道具置き場を整えたりしておく。

・一人ひとりが力を発揮できるように，個別に手順表や補助具を用意する。また，作業しやすいように場の配置や場の設定を工夫する。

・バッグは生徒と教師が工程を分担して製作する。目標や責任感をもって作業に取り組めるように 1 日の製作目標数を決めて取り組む。

・責任感をもって取り組めるように，自分の工程が終わったら次の工程の人に直接に渡せるように作業の動線を工夫する。

・お客様を意識して丁寧に作業に取り組めるように，どんな気持ちで製作に向かえばよいか，どんなことに気をつけるかなど個別に確認をする。

〈納品準備〉

・得意なことや興味関心などを生かして意欲的に納品準備に取り組めるように，納品に向けたタグや値段付け，製品紹介用ポップ等の準備も役割分担をする。また，生徒自身で考えながら準備し，達成感を味わうことができるように，これまで他の班で委託販売や納品の経験してきた上級生の考えを聞いたり，意見を交換する場面を設定したりする。

〈納品・陳列当日〉

・見栄えよく陳列できるように，製品の並べ方について一緒に考えたり米織会館のスタッフの方にアドバイスをもらったりする。

3．実践上の要点

　作業学習では，生徒主体に，自ら精いっぱい作業活動に取り組む姿の実現を目指す。こうした生徒主体の作業学習を実現しようとすれば，先に触れた，まとまりと規則性のある日課づくり，テーマを軸に取り組む作業学習の単元化等，一連の生活・活動の組織化が基盤となる。

　さらに，生徒のやりがいと手応えをより確かにするために，次のような点を具体化する。

（1）より本格的に，より現実的に

　青年期らしく，自ら額に汗して作業に取り組む姿を期待すれば，前提として，生徒にとって，打ち込むに足る「やりがい」のある作業にすることが求められる。

　働くやりがいは，製品・生産物，あるいは，清掃などの作業活動が評価され，本音で求められてこそ本物になる。そのために，地域から求められる有用で質高い製品・生産物や作業活動の追究はもとより，製品等が消費されるよう販路や活動の場の拡大を積極的に行うことも必要となる。

　製品等が評価され多く消費されれば，生徒にとっての仕事のやりがいや手応えが高まる上に，青年期にふさわしい仕事量・活動量を確保することにもつながる。作った製品等が消費されずに「在庫」がたまりがちな作業や，活動の場・対象が校内のみの作業では，生徒の動機・意欲は低下し，教師の「頑張って作ろう」のかけ声も白々しくなる。

　青年期にふさわしい打ち込むに足るやりがいのある作業学習にするということは，すなわち，現実度の高い作業活動にするということでもある。製品・生産物を生産する作業活動では，社会に通用するものを，よ

り質高く，より多く生産することを目指す。そのためには，一定の規格のある製品・生産物を，少種・大量生産することも有効な手立てとなる。また，作業種や作業工程にもよるが，可能な限り分担作業化することも有効な手立てである。こうすることで，生徒も自分の仕事に慣れ，より早く，より多くできるようになる。同じ活動を繰り返すことで生徒が自信をもって作業に取り組めるようにもなる。このことは，農園芸作業の場合も同様である。

　その他，現実度の高い作業活動の観点からは，本格的な工具・道具・機械などを積極的に活用する。作業学習に関わる販売・頒布活動では，製品等の包装や陳列，接客等にもこだわりたい。たとえば，ビルクリーニング等の作業活動でも，より質高く効率のよい作業を目指して，外部からの講師を招いて技術を高めたり，専門的な用具を用いたりするなど，できるだけ本格的に取り組めるようにする。校内で作業するよりも，校外で作業する機会を積極的に設けるようにする。

　生徒と相談して決めた目標や注文先と取り決めた納期等を守ることも大切にする。必要があれば，生徒が納得の上で，放課後等に作業を行う「残業」なども計画・実施する。

　作業班の経営に関する諸々の事柄，たとえば，他の作業班との連絡・調整，得意先・納品先との連絡，製品・生産物の発送や納品，材料購入，礼状作成・送付，会計等に関する活動等も，教師の適切な支援のもと，できるだけ生徒の手で進められるようにする。このように生徒の主体的活動を支えることで，やりがいが高まると同時に，結果として，生徒の力も高まり広がることになる。

（2）どの生徒にも「できる状況」をつくる

　作業学習では，同じ目標やテーマのもと，生徒一人ひとりが力を発揮

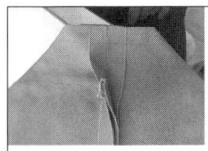

Bさんはまちを縫っています。まち縫いの準備
では，Bさんが縫いやすいように布の端を糊で
仮止めしたり，縫い代の線は，Bさんが見やす
い赤色で引いたりしています。
また，布を送りやすいように，ミシンに手作り
の台を取り付けています。材料を準備しておく
ことで，作業室に来るとすぐに作業に取り掛
かっています。

バッグが完成したらバッグの出来高表にバッグ
の写真を貼ったり，完成したバッグを作業室に
展示しておいたりすることで，目標を意識しな
がら制作に取り組んでいます。次々に製品が出
来上がることで，日々達成感を感じながら取り
組んでいます。

図7−5　できる状況づくりの例
（単元「米織バッグを作って，米織会館に納品しよう」，山形県立米沢養護学
校高等部，令和4年度）

しつつ，共に取り組むことを大切にする。そのためには，個々の生徒の
役割や分担，道具・補助具等の作業環境も含めて「できる状況づくり」
に努める。「できる状況づくり」にあたっては，安全面・衛生面等を確
保することを前提に，障害の状態等に関わりなく，どの生徒も「よりよ
い姿で」「より本格的に」取り組めるよう，次のような点を考慮する
（図7−5）。

　○作業班所属が適切かどうか

　○役割・分担の設定が適切であるか。生徒にとってわかりやすいか

　○繰り返しの作業等，より上手にできる工程になっているか

　○作業工程の設定や順番が適切であるか

　○ペアやグループの生徒の組み合わせは適切か

　○作業の流れが理解しやすい場の配置になっているか

　○テーマや目標を意識し，仲間と共有できるようになっているか

　○生徒一人ひとりの作業量は適切か

　○作業台や椅子等，負担のない姿勢で作業できるようになっている

か。対象物や手元が見やすくなっているか

○道具・材料などの配置は適切であるか

○扱いやすい道具を選定するとともに必要に応じて改良しているか

○ガイドを設けるなど，より正確に作業できるための道具・補助具等が工夫・用意されているか

○本格的に取り組めるよう機械や専門工具・用具が活用されているか。その際，保護カバーなど安全面が確保されているか

（3）教師も共に働く

　生徒主体の作業学習を実現しようとすれば，教師もテーマの実現を目指し，共に取り組み，共に働くことが不可欠となる。教師が腕組みし，監督者然とした状況では，生徒が自ら取り組む作業学習になりにくい。教師も生徒とテーマを共有し，生徒と共に取り組むことで，生徒の主体性を確保するのである。

　教師が率先して働くことで，生徒は励まされ作業に勢いが増す。教師も一分担を担いながら，さりげなく生徒個々への支援を行う。共に働くことで，生徒のつまずきの原因に気づくことも多い。

　教師が生徒と共に取り組むためには，前述の個々の生徒へのできる状況づくりの徹底が前提条件となる。生徒それぞれが自分の力で作業できる状況にないと，教師は生徒への手助けでかかり切りになってしまうからである。教師が一分担を担おうとすれば，材料等も含め仕事量を十分に確保する必要がある。共に働きながら，全体の把握や安全確保も考慮し，教師の位置する場所や分担等を工夫する。

　働く喜びの一つは，仲間と成し遂げることにある。教師も共に取り組んでこそ，生徒の働く喜びもより確かになる。

学習課題

1．生徒の立場に立って，やりがいや手応えのある作業学習をどう作る
　か考えてみよう。
2．なぜ教師も生徒と共に働くのか。共に働かない場合と比較しながら
　考えてみよう。

参考文献

文部科学省『作業学習指導の手引き』ぎょうせい. 1985
文部科学省『特別支援学校学習指導要領解説　各教科等編（小学部・中学部)』開
　隆堂出版. 2018
文部科学省『特別支援学校学習指導要領解説　知的障害者教科等編（上）（高等部)』
　ジアース教育出版. 2020
山形県立米沢養護学校『令和 4 年度学校要覧』2022
小出進『知的障害教育の本質―本人主体を支える』ジアース教育新社. 2014

8 │ 知的障害教育の指導法（３）
─日常生活の指導・遊びの指導

│ 佐藤愼二

《**目標＆ポイント**》　本章では，知的障害教育に特徴的な指導法である各教科等を合わせた指導の「生活単元学習」（第6章），「作業学習」（第7章）に続いて，「日常生活の指導」「遊びの指導」を取り上げる。その実践の考え方や実践方法について，具体的な実践例を取り上げながら解説する。

《**キーワード**》　日常生活の指導，遊びの指導，各教科等を合わせた指導，実践例

1. 日常生活の指導とその実践

（1）日常生活の指導とは？

　学校生活の一日を思い起こすと，毎日一定の時間に，一定の活動を繰り返す時間帯や活動がある。以下はその具体例である。

○登下校─信号機等の交通ルールの遵守，公共交通機関の利用，靴の履き替え，傘の扱いなど。

○挨拶─登校時，下校時，あるいは校内での友達や教師との挨拶など。

○朝の支度─鞄や連絡帳等の扱い，着替え，手洗い・うがい，トイレなど。

○係・当番活動─窓の開閉，教室の照明スイッチ，動植物の世話，出欠カード，健康観察カードなど。

○朝の会─挨拶，出欠確認，日付・曜日等の確認，歌やダンスなど。

○昼食・昼休み―手洗いや台ふき，食器等の運搬・配膳，食事，片付け，歯磨き，食後の余暇活動など。

○清掃―掃き掃除，拭き掃除，モップ掛け，ごみ捨てなど。

○帰りの支度―着替え，鞄・持ち帰る物の整理，トイレなど。

○帰りの会―日記等の記録，一日の振り返り，明日の予定，帰りの歌など。

○生活全般―日常生活や社会生活におけるTPO（時間，場所，場合）に応じたマナーなど。

　以上のように，小学部に限らず中学部・高等部の生徒も含めて，日常生活や社会生活全般に関わる基本的・習慣的な内容の指導を行うのが日常生活の指導である。

（2）学習指導要領解説で確認する「日常生活の指導」

　解説各教科等編では，日常生活の指導は各教科等を合わせた指導の一つとされ「児童生徒の日常生活が充実し，高まるように日常生活の諸活動について，知的障害の状態，生活年齢，学習状況や経験等を踏まえながら計画的に指導するものである。日常生活の指導は，生活科の内容だけでなく，特別活動の〔学級活動〕など広範囲に，各教科等の内容が扱われる。それらは，例えば，衣服の着脱，洗面，手洗い，排泄，食事，清潔など基本的生活習慣の内容や，あいさつ，言葉遣い，礼儀作法，時間を守ること，きまりを守ることなどの日常生活や社会生活において必要で基本的な内容である」と示されている。

　さらに，以下のように指導上の留意点を示している。

（ア）日常生活や学習の自然な流れに沿い，その活動を実際的で必然性のある状況下で取り組むことにより，生活や学習の文脈に即した学習ができるようにすること。

（イ）毎日反復して行い，望ましい生活習慣の形成を図るものであり，繰り返しながら取り組むことにより習慣化していく指導の段階を経て，発展的な内容を取り扱うようにすること。

（ウ）できつつあることや意欲的な面を考慮し，適切な支援を行うとともに，生活上の目標を達成していくために，学習状況等に応じて課題を細分化して段階的な指導ができるものであること。

（エ）指導場面や集団の大きさなど，活動の特徴を踏まえ，個々の実態に即した効果的な指導ができるよう計画されていること。

（オ）学校と家庭等とが連携を図り，児童生徒が学校で取り組んでいること，また家庭等でこれまで取り組んできたことなどの双方向で学習状況等を共有し，指導の充実を図るようにすること。

（3）日常生活の指導を実践する上でのポイント

①　学校生活の自然な流れの中で展開する

「日常生活や学習の自然な流れに沿い，その活動を実際的で必然性のある状況下で取り組むことにより，生活や学習の文脈に即した学習ができるように」（解説各教科等編）とある。「着替え」を例にすれば「このあと，体育をするから着替えをする」という生活の流れの中で，子どもが「その必然性」に気づいて自分から取り組むことが大切になる。つまり，「着替えの練習」という活動が特設されるのではなく，一日の学校生活の流れの中で自然に展開されることになる。

②　繰り返すことで望ましい生活習慣の形成を図る

（1）で触れたように，登下校，挨拶，朝の支度……どれをとっても毎日一定の時間に，反復して繰り返される習慣的な行動である。そのため，学校生活の流れの中で自然に繰り返し取り組むことにより生活習慣として定着できるようにする。

③　子どもの意欲や「できている」ことを大切にする

　毎日繰り返される活動であるからこそ，子どもの意欲的な取り組みを大切にしなければならない。先の着替えを例にすれば，次の活動である「体育がとても楽しみでやりがいがある」と子どもが実感していれば，当然，着替えの意欲は高まるはずである。その意味で，日々の活動の充実は欠かせない。

　また，子ども一人ひとりについて「どこまでできていて」「どこから難しいのか」という実際の様子を丁寧に把握する必要がある。毎日努力しても，明らかに「できない」ことを繰り返すとしたら，意欲は損なわれる。「できる」ことを見極めた段階的な支援が大切になる。

④　支援の個別化と教員間・保護者との共有化

　「できる」ことは一人ひとり違うことが多い。単なる繰り返しではなく，次の段階に進むために，どのような支援の工夫が求められるのかを十分に検討する。ボタンかけが苦手な子どもならば，まずはかぶり物の着やすい服を用意し，次にボタンやボタンホールが少し大きめの服にする，好きなマークがあるならば洋服の前後を見分けるために活用する，あるいは，ロッカー，靴箱等には一貫してそのマークを活用してわかりやすくする等である。

　毎日，繰り返される活動であるからこそ，教員間の共通理解による支援の一貫性は重要である。また，日常生活の指導で取り扱う内容は，学校だけでなく家庭や地域生活の中で求められる行動が多い。その意味では，「個別の教育支援計画」「個別の指導計画」に基づき，保護者や放課後等デイサービス等とも連携を図りながら進めることが大切になる。

⑤　日常生活を教師も共にする

　本章の冒頭で確認したように，日常生活の指導は日常生活の充実と高まりを目標にしている。教師が腕組みをして指示監督するだけでは子ど

もは生活の充実を実感できない。たとえば，体育の後の手洗いやうがいの場面であれば，教師もそれらを共にする中で手本を示しつつ必要な支援をする。清掃であれば，教師が率先して取り組みながら必要な支援をする。

　学校の共同生活者として活動を共にする教師の姿勢が子どもに共感され，子どもの意欲も高まるのである。

⑥　**生活年齢に応じて「生活の充実と高まり」を求める**

　（1）の具体例にあるように，小学部の生活科の内容を中心にしながらも，職業・家庭や特別活動をはじめとする各教科等の内容が多様に含まれていることがわかる。そのため，日常生活の指導は小学部・小学校段階だけに位置付けられるのではなく，中学部・中学校段階や高等部でも求められる。いわゆる TPO に応じたマナー，身だしなみ，言葉遣い，立ち居振る舞い，さらには，職場やある社会的集団においてルールを守るなど，産業現場等における実習や卒業後の職場で求められる実際的な内容も多く含まれている。

　どの年齢段階であったとしても，その生活の充実と高まりを求める姿勢が大切になる。

2．遊びの指導とその実践

（1）解説各教科等編で確認する「遊びの指導」

　解説各教科等編では，遊びの指導は各教科等を合わせた指導の一つとされ「主に小学部段階において，遊びを学習活動の中心に据えて取り組み，身体活動を活発にし，仲間とのかかわりを促し，意欲的な活動を育み，心身の発達を促していくものである。特に小学部の就学直後をはじめとする低学年において，幼稚部等における学習との関連性や発展性を考慮する上でも効果的な指導の形態となる場合がみられ，義務教育段

階を円滑にスタートさせる上でも計画的に位置付ける工夫が考えられる。遊びの指導では，生活科の内容をはじめ，体育科など各教科等に関わる広範囲の内容が扱われ，場や遊具等が限定されることなく，児童が比較的自由に取り組むものから，期間や時間設定，題材や集団構成などに一定の条件を設定し活動するといった比較的制約性が高い遊びまで連続的に設定される。」と示されている。

さらに，以下のように指導上の留意点を示している。

（ア）児童の意欲的な活動を育めるようにすること。その際，児童が，主体的に遊ぼうとする環境を設定すること。

（イ）教師と児童，児童同士の関わりを促すことができるよう，場の設定，教師の対応，遊具等を工夫し，計画的に実施すること。

（ウ）身体活動が活発に展開できる遊びや室内での遊びなど児童の興味や関心に合わせて適切に環境を設定すること。

（エ）遊びをできる限り制限することなく，児童の健康面や衛生面に配慮しつつ，安全に遊べる場や遊具を設定すること。

（オ）自ら遊びに取り組むことが難しい児童には，遊びを促したり，遊びに誘ったりして，いろいろな遊びが経験できるよう配慮し，遊びの楽しさを味わえるようにしていくこと。

（2）実践例：単元「忍者村で遊ぼう！」

上記の「遊びの指導」の概要を踏まえた上で，小学部低中学年部が展開した実際の取り組み（※特定の学校名や個人情報を保護する観点から，筆者が関わった複数の実践事例を再構成した内容になっている）を確認しながら，実践上のポイントを検討する。

図8-1は体育館ステージ全てとフロアーの3分の1程度を使った「忍者村」の遊びコーナー配置図である。3週間に渡って常設して取り

組んだ。単元最終盤には近隣の小学1年生や保護者を招待した。体育館の手前3分の2は中学部や高等部の体育用としてスペースを確保した。

① **単元「忍者村で遊ぼう！」の各遊びコーナーの配置**

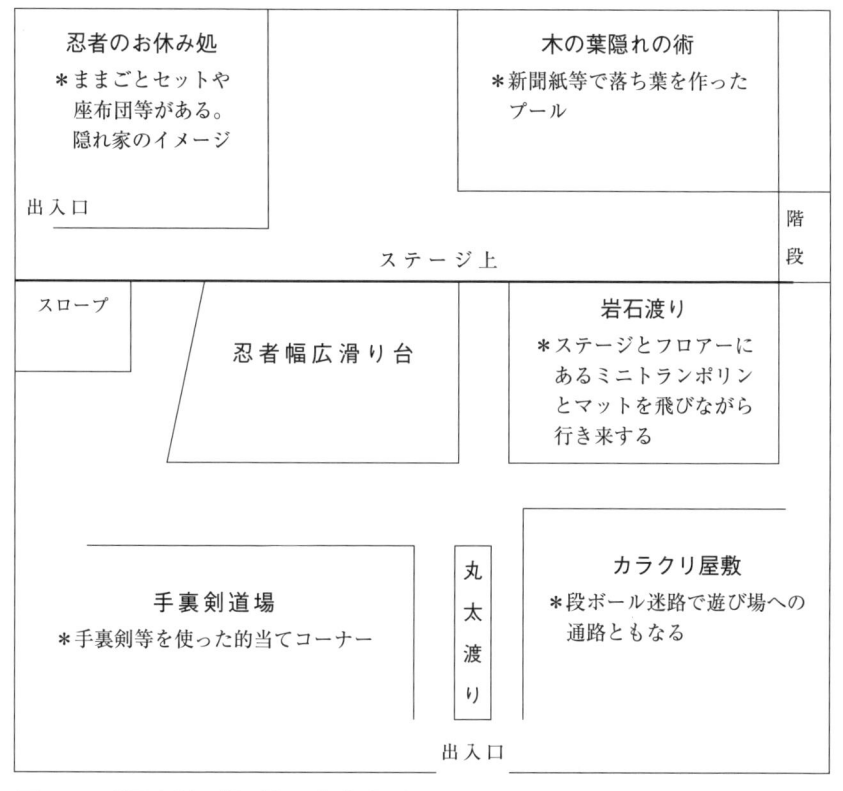

図8-1　「忍者村で遊ぼう！」各遊びコーナーの配置
　　　出典：『知的障害特別支援学校—子ども主体の授業づくりガイドブック—』（東洋館出版社）

② 単元「忍者村で遊ぼう！」の各遊具とその特徴

○「忍者幅広滑り台」―子どもと教師5，6人が余裕で滑ることのできる幅。肢体不自由を伴う子どもも含めて，どの子も教師による多少の支援で楽しめるメイン遊具。

○「手裏剣道場」―さまざまな手裏剣や（ボールや新聞紙等を活用した）投てき具と，それぞれ違った距離にあるバラエティーに富んだ的がある。子どもの力に応じてチャレンジできる。パチンコのような仕掛けで丸めた弾（新聞紙製）を飛ばす遊具も設置し，小さな手の動きでも大きな効果が得られる工夫も。時々，悪役に扮した教師も登場。

○「丸太渡り」―平均台に装飾をして雰囲気づくり。

○「カラクリ屋敷」―段ボールとパーティションを利用した迷路。這って進む部分もあり，必然的にさまざまな身体の動きが要求される。

○「岩石渡り」―小さなトランポリンやマットを組み合わせて，ステージからフロアーをジャンプしながら，行き来できる仕掛け。かなり高度な遊具であり，安全対策も万全に。

○「木の葉隠れの術」―寝転がると全身が葉っぱで見えなくなる深さ。落ち葉は子どもが新聞紙や色紙をちぎったり，はさみで切ったりして製作。

○「忍者のお休み処」―静かな雰囲気が好きな子ども，ごっこ遊びが好きな子ども向け。休憩をとりたい子どもへのお茶のサービスも。出入口は子どもたちが装飾した。

○コスチュームは黒っぽいトレーナーやTシャツで揃えた。

○スタンプを使って装飾した真っ赤な帯や青いバンダナを製作した。招待する友達や保護者の分も製作した。

○授業の終わりの合図は人気アニメのテーマ曲。

　実に多様な遊具が設置されていたことがわかる。子どもたちの得意・不得意やできること・持ち味に応じつつ，それらの遊びの過程では，生活，体育，自立活動等のさまざまな教科等の要素の活用が求められていることが理解できる。

（3）遊びの指導を実践する上でのポイント

①　子どもの思い・興味関心から！　―自分が子どもだったら！―

　たとえば，夏ならば水遊び，春や秋のよい季節ならば戸外での遊び等と，「自分が子どもだったら」の思いで遊びをイメージする。今回の単元は子どもが大好きだったアニメが大きなきっかけになった。

　本気で忍者遊びをやるとしたらどのような発想が出てくるか？　どのような忍術を駆使した遊びがあるだろうか？　子どもが忍者らしく遊ぶとしたら，どんな仕掛けがあると楽しいだろうか？　教師は子どもになったつもりで，必死で思い巡らせ発想する。

　つまり，「自分が子どもだったら！」の思いで，子どもに成り代わって楽しく・やりがいある遊びと遊び場，すなわち，その時期の遊びを中心とした生活を構想する。これが遊びの指導の始点となる。

○子どもの興味・関心やその時点での思い
○好きな活動，得意な活動，できそうな活動
○それまでの遊びや体験の発展，あるいは，ドキドキワクワクの全く新奇
　な活動
○子どもに期待する教師の願いの具体化（もっと～を頑張ってほしい）

　今回の単元では，忍者という子どもらしいイメージで，しかも，忍者のコスチュームで遊んだことも子どもの思いを高めたに違いない。

②　遊びの指導の単元化

　「忍者」という子どもに訴えかけるテーマの下で3週間の生活が連続して展開された。楽しい遊びは毎日でもやりたい。子どもが本音でリピーターになり，毎日繰り返し繰り返し取り組むことで，必然的に各教科等のさまざまな力を使い込むことになる。「力はその力を繰り返し使うから身につく」のだ。時間割は図のように，遊びの指導を中心に「帯

状」と称される形で展開した。

　さらに，本単元では終盤に小学生や保護者を招待する交流及び共同学習を展開している。それにより，子どもたちの意気込みの高まりが期待されている。加えて，図の時間割には午後に「図工」「国語」等とあるが，それらを日替わりで展開するのでなく招待状づくりに「国語」として一週間集中的に取り組んだり，「葉っぱづくり」や「バンダナづくり」に「図工」

	月	火	水	木	金
9:00	登校・朝の準備・着替え				
	朝の運動（体育・自立活動）朝　の　会				
10:30					
	生活単元学習／遊びの指導				
11:45					
	昼食昼休み				
13:00					
	図工	音楽	体育	国語	算数
14:00〜15:00	清掃・着替え・帰りの会				

図 8-2　帯状日課表の例

として集中して取り組んだりする。それにより子どもの取り組みやすさを高める，その時期の学校生活全体が単元「忍者村で遊ぼう！」でまとまるように工夫した。

③　遊びそのものを目的とする発想で

　「遊びを通してコミュニケーションの力を育てる」等と，遊びを手段にはしない。コミュニケーションの力を身につけるために遊んでいた読者はいないはずで，忍者村の子どもたちも同様である。

　子どもが心から願い求める楽しい遊びならば，結果として，友達や先生や親とコミュニケーションしたくなる。心から楽しいから「先生！　〜をもっとやりたい！」「〜がうれしかった！」と気持ちを表現したくなる。これこそが，本物で豊かなコミュニケーション力である。つまらなければ，それを誰かに伝えたり，表現したりする本音のコミュニケーションは活発にはならないだろう。

　子どもにとって遊びそのものが楽しく，それ自体が目的となる状況が

大切になる。その結果として，必然的に「（コミュニケーション）力」が身につき高まると考える。その意味では遊具の工夫による面白さ・楽しさは遊びの指導の成否を決定づける。

④　**遊具の工夫**

　知的障害のある子どもは知的機能や適応行動の困難性ゆえに，遊ぶことにも大きな制約を伴うことが多い。「忍者」というテーマを設定しイメージを高め，その子どもたちの「チャレンジしてみたい！」という意欲をかき立てるほどに「楽しい」遊具の工夫が求められる。

　先の実践例の各遊具を踏まえて検討するならば，○「忍者」というイメージ・認知への働きかけ，○さまざまな運動機能の活用，○感覚器官のゆさぶり……等，人間の諸能力全般（各教科等の目標・内容）に訴えかけていることがわかる。それゆえ，子どもならば，全力でチャレンジしたくなるような遊具の工夫が大切になる。

　たとえば，「忍者幅広滑り台」を繰り返し滑りたいから，何回も登ったり，友達や先生を誘ったりする。さらに，忍者らしい遊びが発展すると頭から滑る，お腹をつけて滑る，回転しながら滑る，友達と二人で馬乗りになって滑る……等，子ども自身が滑り台遊びを発展させていく。その度に，さまざまな各教科等の力を繰り返し使い・高めることになる。

　一方，「手裏剣道場」では，さまざまな的や手裏剣や投げる忍者道具，飛ばす道具，飛ばす距離の違い等，「力を精一杯使うとうまくできる状況」が一人ひとりに用意される個別最適化の視点も大切にしている。

　子どもの興味関心や得意・不得意も踏まえた遊具の工夫は正に遊びの指導を決定づけると言えよう。

⑤　**遊び場の配置**

　入口に入ると「手裏剣道場」「丸太渡り」「カラクリ屋敷」と選択する

場面がある。結果的には各遊具を巡るサーキット風の遊び方も可能になったり，一つの遊具で繰り返し遊び込んだりすることができる。

　一番奥まった場所には，静かな雰囲気を好む子どものために「忍者のお休み処」を配置してある。遊具の配置を工夫することで，子ども一人ひとりに応じて遊びが広がり，高まるようにする。

⑥　**共に遊び支援する教師―プレイング・サポーターとして―**

　子どもが遊ぶ傍らで，腕組みして監督する教師ではない。子どものお手本として「ガキ大将」になって率先して遊ぶ。教師の遊びが子どもの遊びを触発し高める雰囲気をつくりだすことになる。

　たとえば，大胆な遊びにチャレンジする子どもには安全面に配慮しつつ，さらなる工夫やさまざまな遊び方（＝さまざまな力の使い方）を教師自身が身をもって提案する。一方で，新しい遊具へのチャレンジに，あと一歩の勇気が出ない子どもには「一緒にやろう」と声をかけさりげなく手を差し伸べるなどする。

　あるいは，友達と遊びたい様子の子どもがいた場合には，いきなり手を引くのではなく「○○さん，△△さんと一緒に～やろうよ」と自然な仲立ちをする。その教師の誘い方も周りの子どもたちのコミュニケーションのお手本となる。教師はまさに，「プレイング・サポーター」として子どもの遊びが発展するように支える。

⑦　**遊びの指導の評価**

　子どもと共に遊ぶことで―客観的な観察だけでは得ることのできない―ある遊具でのある場面に即した「子どもの思い」を踏まえた本質的な評価をしやすくなる。各教科等の視点からも，生活の中で実際的に活用できるより豊かな力を見取ることが可能になる。

　さらには，教師が共に遊ぶことで，子どもの思いに寄り添った声のかけ方に気づいたり，より楽しくするための遊具の発展的な改善点を発見

したり，逆に危険箇所に気づいたりする。すなわち，子どもの評価だけでなく，教師の支援，各遊具や遊び場全体の改善についての評価もより精緻になると考えられる。

学習課題

1．知的障害教育には，なぜ「日常生活の指導」「遊びの指導」があるのか，改めて考えてみよう。
2．「日常生活の指導」「遊びの指導」における教師の支援の基本について，改めて考えてみよう。

参考文献

文部科学省『特別支援学校学習指導要領解説　各教科等編（小学部・中学部)』開隆堂出版．2018
佐藤愼二『知的障害特別支援学校―子ども主体の授業づくりガイドブック―』東洋館出版社．2020

9 | 知的障害教育の指導法（４）
―教科別の指導

坂本　裕

《**目標＆ポイント**》　本章では，知的障害教育の指導法の一つである教科別の指導を行う際に留意すべきことを，理解できるようになることを目標とする。まず，知的障害のある児童生徒の学習特性に応じて設定されている知的障害教育の各教科に関わる基本的理解を解説する。そして，その理解に基づいて，知的障害教育の教科書採択，指導形態の選択について解説する。さらに，教科別の指導の教育実践を行う中で留意すべきことも解説する。

《**キーワード**》　教科別の指導，知的障害教育の教科，教科書，附則９条本，学習活動の実生活化

1．教育実践の基本

　第５章に示されている知的障害教育の各教科，ならびに，教科別の指導の捉え方を踏まえ，本章では，教育実践を進める上において，基本的に理解しておくべきことについて触れたい。

　教科別の指導は，教科ごとに時間を設けて行う指導である。しかし，時数など授業の運用に関わる検討だけでは十分な指導とはならない。知的障害のある児童生徒の個々に，より相応しい学習内容を選択し，十分に展開するための検討を最優先して行うことが必要である。

　こうしたことから，学校教育法施行規則第130条第１項（各教科を合わせて指導を行う場合），第２項（各教科等を合わせて指導を行う場合）の実施に関わって，表９−１のような理解が不可欠とされている。

表 9−1　知的障害のある児童生徒に相応しい学習内容の選択とその展開
（文部科学省，2018a）

児童生徒の心身の発達の段階や障害の状況によっては，各教科を並列的に指導するより，各教科に含まれる教科の内容を一定の中心的な題材等に有機的に統合し，総合的な指導を進める方がより効果的な学習となり得る（略） 　知的障害者である児童もしくは生徒を指導する場合には，各教科，道徳，外国語活動，特別活動及び自立活動の一部又は全部について合わせて指導を行うことによって，一層効果の上がる授業をすることができる（略）。

　つまり，心身の発達の段階や状況への配慮が必要な，特に，知的障害のある児童生徒の教育においては，小・中学校等のように各教科を並列的に指導することでは，その学習の効果を強く期待することはできないのである。

　このことは，第 3 章に示されている包括的な概念としての発達障害のある児童生徒に対する，思春期までの発達の様相への支援の方向性と重なる。その中でも特に，「知的（発達）障害（精神遅滞）と同様の支援が必要である」学習特性の理解と，その対応が必須となる。発達障害のある児童生徒は発達障害のない児童生徒よりも，実生活での経験がどうしても乏しくなりがちである。そのため，取り組みの意味や必要性を，実生活の中で実感できる学びのプロセスが大切になる。「各教科に含まれる教科の内容を，一定の中心的な題材等に有機的に統合」した"実際的・具体的な内容"を，「総合的な指導」である"学習活動の実生活化"をもって進めることが，何にもまして重要となるのである。こうしたことから，知的障害教育の各教科に示された「生活的な内容」を，児童生徒個々がその必要性や重要性を体感できる「実際的・具体的な内容」へと具現化し，さらに，学習活動の実生活化を図ること。これをその教育

実践に関わる教師は，実践の基本とせねばならない。

　また，現行の学習指導要領改訂では，知的障害教育の各教科についても，小学校等との各教科との連続性を明確にし，育成を目指す資質・能力の三つの柱に即して，目標及び内容を示すこととなった。ただし，教科ごとの目標及び内容については，知的障害のある児童生徒の生活年齢や発達の段階に対応する生活的教科の性格は堅持されており，小学校の各教科とは別に示されている。

　なお，小・中学校等においても，各教科を並列的に指導することなく，教科横断的な視点で教育課程を編成し，「何のために学ぶのか」という学習の意義そのものを踏まえた教育実践が強く求められている。また，主体的・対話的で深い学びによって，資質・能力の三つの柱の育成を目指す。すなわち，「知識・技能」では「生きて働かせる」構え，「思考力・判断力・表現力等」では「未知の状況にも対応できる」構え，「学びに向かう力，人間力」では「学びを人生や社会に生かそうとする」構えなど，児童生徒の学習活動が未来社会を切り拓く姿勢を育成が目指されている。児童生徒の未来社会を切り拓く姿勢の育成を目指す教育は，知的障害教育が，終戦以後一貫して取り組んできた教育，すなわち，「教育目標としては自立的生活力の育成が大切にされ，教育内容については，その自立的生活の育成の必要不可欠なものが優先され，そして，指導の段階では学習活動の実生活化が意図された」教育（文部省，1978）とその基底を同じくするものと考える。

2．知的障害教育の教科書

　わが国の小学校・中学校・高等学校・中等教育学校・特別支援学校においては，原則，表9-2に示した文部科学省検定済教科書または文部科学省著作教科書を使用しなければならない。そして，義務教育の間

表9-2　わが国の教科書の種類

文部科学省検定済教科書
民間の教科書発行者において著作・編集され，文部科学大臣の検定を経て発行される教科書
文部科学省著作教科書
その需要数が少なく民間による発行が期待できない高等学校の農業，工業，水産，家庭及び看護の教科書の一部や特別支援学校用の教科書を文部科学省が著作・編集した教科書

は，無償給与される。

　文部科学省検定済教科書は，小学校学習指導要領，中学校学習指導要領，高等学校学習指導要領とその各解説で示された各教科の内容に応じて作成されているが，前項で示したような知的障害教育の教科には対応していない。

　そのため，文部科学省著作教科書（特別支援学校知的障害者用）が発行されている。小学部用の教科書として国語，算数，生活，音楽，中学部の教科書として国語，社会，数学，理科，音楽，職業・家庭の各教科書が発行されている。内容は段階別に，各々，『こくご☆・こくご☆☆・こくご☆☆☆・国語☆☆☆☆』『さんすう☆・さんすう☆☆(1)・さんすう☆☆(2)・さんすう☆☆☆・数学☆☆☆☆』『せいかつ☆・せいかつ☆☆・せいかつ☆☆☆』『○おんがく☆・おんがく☆☆・おんがく☆☆☆・音楽☆☆☆☆』『社会☆☆☆☆・社会☆☆☆☆☆』『理科☆☆☆☆・理科☆☆☆☆☆』『職業・家庭☆☆☆☆・職業・家庭☆☆☆☆☆』と☆の数で示されており，☆（ほし）本と称されている。児童生徒が馴染みやすいように，挿絵がふんだんに使われてはいるが，知的障害のある児童生徒の学びの特性やその対応教科数から，この教科書だけで全ての授業を行うことは現実的ではない。

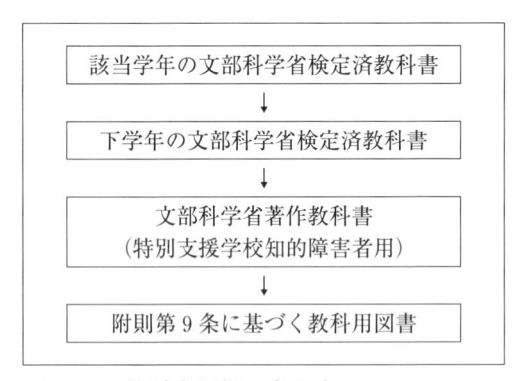

図 9-1　教科書採択の考え方

　さらに，知的障害特別支援学校や知的障害特別支援学級の児童生徒には，図9-1のように学校教育法附則第9条において，一般図書を教科用図書として採択することが可能となっており，附則9条本と称されている。附則9条本の採択基準は都道府県教育委員会や政令指定都市教育委員会から示され，前年度の担任が，夏休み期間中に候補となる一般図書を選定し，教育委員会に届け出て，採用されることとなる。しかし，前担任の選定の意図は現担任には伝わりにくいことがある。一般図書であることからも，附則9条本のみで授業を行うことは現実的ではない。

3．指導の形態の選択

　これまで述べてきたように，知的障害教育の教育実践は，文部科学省検定済教科書または文部科学省著作教科書を用い，学習指導要領・解説に示された内容を漏れや偏りがないように教授する小学校・中学校等の教育実践とはその取り組みは大きく異なる。解説各教科等編に示された知的障害教育の各教科の内容は，概括的であり，具体的な学習内容については個々の児童生徒の興味や関心，生活年齢，学習状況や経験等を考

慮して設定しなければならない。そして，その内容を組み上げ，その展開に相応しい指導の形態を選択し，単元としてまとめ上げていく作業が必須となる。そうした検討を経た上で，教科ごとに時間を設けて行う場合が「教科別の指導」，各教科等を合わせて行う場合が「各教科等を合わせた指導」となる。

4．教科別の指導を実施する際の留意点

　教科別の指導は，小学校・中学校等の教科指導とは異なり，指導を行う教科やその授業時数は対象となる児童生徒によって定めることとなる。そのため，表 9-3 のように生活年齢，学習状況や経験等を十分に考慮するなどのことに留意しなければならないとされている。

表 9-3　教科別の指導を実施する際の留意点（文部科学省，2018b）

① 　教科別の指導で扱う内容について，一人一人の児童生徒の実態に合わせて，個別的に選択・組織しなければならないことが多い。その場合，一人一人の児童生徒の興味や関心，生活年齢，学習状況や経験等を十分に考慮することが大切である。

② 　各教科の目標及び段階の目標を踏まえ，児童生徒に対しどのような資質・能力の育成を目指すのかを明確にしながら，指導を創意工夫する必要がある。その際，生活に即した活動を十分に取り入れつつ学んでいることの目的や意義が理解できるよう段階的に指導する必要がある。

③ 　教科別の指導を一斉授業の形態で進める際，児童生徒の個人差が大きい場合もあるので，それぞれの教科の特質や指導内容に応じて更に小集団を編成し個別的な手立てを講じるなどして，個に応じた指導を徹底する必要がある。

④ 　個別の指導計画の作成に当たっては，他の教科，道徳科，外国語活動，総合的な学習の時間（小学部を除く），特別活動及び自立活動との関連，また，各教科等を合わせて指導を行う場合との関連を図るとともに，児童生徒が習得したことを適切に評価できるように計画する必要がある。

（筆者編集）

　また，教科別の指導が「学習によって得た知識や技能が断片的に」ならないよう，各教科の留意事項には，「児童（生徒）や学校の実態に応じ，多様な学習活動を組み合わせて授業を組み立てていくことが重要」とされている。すなわち，表9−4のように各教科等を合わせた指導である日常生活の指導，生活単元学習，作業学習と関連付けるなどして実践することが肝要となるのである。

表9−4　教科別の指導と各教科等を合わせた指導の関係性
（文部科学省，2018b）

> 　個々の児童の知的障害の状態や生活年齢に加え，興味や関心，これまでの学習や経験してきた内容などを全体的に把握した上で，効果的な指導の形態を選択していくことである。指導の形態には，教科ごとの時間を設けて指導する「教科別の指導」や各教科，道徳科，外国語活動，特別活動及び自立活動を合わせて指導を行う「各教科等を合わせた指導」がある。単元などの学習のまとまりをとおして，児童の学習成果が最大限に期待できる指導の形態を柔軟に考えられるようにすることが大切である。
> 　例えば，算数の時間に金銭の数量的な扱いを学習した時期と同じくして，金銭の数量的な知識を生かして，実際の生活場面に即しながら学習することのできる単元について，生活単元学習として位置付けることなどが考えられる。

　そして，「抽象的な内容の指導よりも，実際的な生活場面の中で，具体的に思考や判断，表現できるようにする指導が効果的である」ことから，教科別の指導の評価についても，個々の児童生徒の実際の生活場面における生きる力となり得たかを評価規準として行わなければならない。漢字の書き取りや百ます計算のようなドリル学習で同じ内容を何年も繰り返すような教科別の指導を行うようであれば，それは太平洋戦争終戦後の昔から戒められてきた「水増し教育」（第4章）と変わらない。

教科別の指導も，個々に即した具体的内容を選定し，学習方法を工夫すること，また個々の児童生徒の生活場面で実際の生きる力となっているのかを規準に評価されることが重要である。

5．教科別の指導の実際

（1）日々の生活に活きる力となることを意図しての展開

実践事例①：国語科・社会科

単元：新聞を読もう［特別支援学校高等部1年生］

　近年，社会のいろいろな動向を SNS や TV ニュースなどで知ることが多くなってきた。しかし，知的障害のある生徒が SNS 等で一方的，そして，多量に流れてくる情報の真偽を自分で見抜くことは容易ではない。TV ニュースも一つの話題を把握する間もないうちに，次の話題に移ってしまうことが少なくない。高等部卒業後の生活を考えた時に，社会のいろいろな動きに関心を向け，また，その日の天気やテレビ番組を確認できることは必要だろう。将来の生活への発展も願っての本取り組みである。新聞は NIE（Newspaper in Education）の教材用価格で購入した。

　カコミ記事やタタミ記事については，生徒たちは比較的読みやすいようであった。流し組みの記事は読み慣れるまでに時間がかかったが意欲的に取り組めた。読めない漢字を漢字辞典で，意味がわかりにくいことばを国語辞典で引いて調べ理解を進めた。毎時間の最後には，それぞれが興味をもったり，クラスメイトに知らせたいと思ったりした記事をそれぞれが説明し，発表するようにした。生徒が選んだ記事には野球あり，サッカーあり，天気あり，地元のニュースありとそれぞれの関心があり，生徒の新たな知識への関心や理解の広がりを発見することができた。

（2）生活年齢を考慮しての展開

実践事例②：国語

単元：幼稚園で紙芝居をしよう［中学校特別支援学級］

　特別支援学級の皆で，国語の時間に紙芝居の練習をして，隣接する幼稚園で披露する活動に取り組んだ。主な活動は「市立図書館で紙芝居を借りる」「紙芝居を上手に読む練習をする」「幼稚園の子に紙芝居を読む」であった。生徒のSさんは教師との会話は大好きで質問にもうれしそうに返すことができる。しかし，人前では声が小さく，すぐに言葉につまってしまう。そんな生徒も，小さな子どもたちの前で自信をもって話すことを楽しんでほしいと願った。取り組みの初日には発表会当日を心待ちに，それに向けた活動に見通しがもてるよう，進行表で具体的な日にちと時間を確認した。幼稚園の教頭先生からは特別支援学級の皆の訪問をとても心待ちにしていることが伝えられた。

　3グループに分かれて取り組んだ。Sさんのグループは「つるのおんがえし」を選んだ。Sさんはおじいさん役を担当することになった。練習では，他のグループや先生などたくさんの人の前で発表した。友達から「大きな声ではっきりと言っていました」と言われ，Sさんはとてもうれしそうにしていた。

　幼稚園での発表当日の朝，Sさんは「今日，幼稚園で発表」と楽しみにしている様子だった。発表では，伝わっているかを気にするように園児を見ながら，大きな声でゆっくりていねいにおじいさんのセリフを言うSさんだった。終わってからの感想で，Sさんはみんなの前で「大きな声ではっきり言えた」と誇らしげに話すことができた。その日の日記では「幼稚園での発表をがんばりました。大きな声ではっきり話しました」とあった。人前で話すことに，Sさんは自信をもてたようだった。

（3）各教科等を合わせた指導と関連付けての展開

実践事例③：国語科・社会科

単元：修学旅行に行こう：しおり作り［特別支援学校中学部］

　3年生全員で，二泊三日の修学旅行に向けて取り組む生活単元学習。これまで教師が作成していたしおり作りを生徒の手で作成することにした。そこで，生活のテーマに関連付けて行っている国語の授業でワープロに取り組んでいる生徒3人がしおりを担当し，初日に皆へ配付できるように取り組んだ。

　1回目は，旅行会社からの旅行行程表を見ながら，行程の全体把握を行い，前年度のしおりを見て，教師とどの内容を載せるか確認した。2回目は，インターネットを使って，訪問地の様子や有名なお土産品を調べた。3回目は，前年度のしおりを参考に，表紙，行程表，持ち物等の担当に分かれ，教師と相談しながらワープロで原稿を作成した。教師からの支援は，写真の取り込みのような技術的に難しい作業にとどめ，生徒の思いや好みで文字を打ち込み，文を作成していった。4回目は，それぞれに作成した印刷原稿を，3人と教師でタイプミスがないか，図や写真の配置は見やすいかなどを細かく確認した。5回目は，完成した原稿を印刷し，製本し，修学旅行に参加する全員分のしおりとして仕上げた。

　こうして出来上がったしおりを，修学旅行に向けての取り組みの初日に，担当した3人から全員に配付した。しおりの説明も3人が務め，日程を確認し，さらには訪問地での他の特別支援学校との交流会の準備活動に取り組んだ。

学習課題

1．知的障害のある児童生徒の学びの姿から，教科別の指導を行う際に配慮しなければならないことをまとめてみよう。
2．教科別の指導と教科等を合わせた指導と関連付けて行うことの必要性について考えてみよう。

引用文献

文部省『特殊教育百年史』1978
文部科学省『特別支援学校教育要領・学習指導要領解説　総則編（幼稚部・小学部・中学部）』開隆堂出版．2018a
文部科学省『特別支援学校学習指導要領解説　各教科等編（小学部・中学部）』開隆堂出版．2018b

10 | 知的障害教育の指導法（5）
　　─自立活動の指導

菊地一文

《**目標＆ポイント**》　特別支援学校や特別支援学級等の教育課程に独自の指導領域として位置付く自立活動の意義やその特徴について解説する。また、知的障害教育における自立活動の実践と課題を踏まえ、望ましい展開のあり方について概説する。

《**キーワード**》　自立活動，知的障害と自立活動，教育課程における位置付け

1．特別の指導「自立活動」の意義

（1）自立活動の目標

　自立活動は，特別支援学校や特別支援学級等で編成される，いわゆる「特別の教育課程」に設けられた特別の指導領域である。

　自立活動の目標は，特別支援学校学習指導要領において「個々の児童又は生徒が自立を目指し，障害による学習上又は生活上の困難を主体的に改善・克服するために必要な知識，技能，態度及び習慣を養い，もって心身の調和的発達の基盤を培う」ことと示されている。

　この記述から，自立活動の目標については，①障害による学習上又は生活上の困難を指導対象とすること，②個々の児童生徒の自立を目指した学習活動であること，③調和的発達の基盤を形成するものであることの3つのポイントが挙げられる。なお，ここでいう「自立」とは，あらゆることを自分一人でできるようになるという意味ではなく，それぞれの障害の状態や発達段階に応じて，主体的に自己の力を可能な限り発揮

し，他者の援助や支援を受けながら，よりよく生きていこうとする姿のことを指している。

　①については，視覚障害や聴覚障害のような，主に情報の入力等の困難に関する障害や，肢体不自由や病弱・身体虚弱のような，主に運動・動作や健康状態の困難に関する障害は周囲から見ても比較的わかりやすいが，知的障害という知的機能の発達の遅れと適応行動の困難性は，周囲から見てわかりにくく，その状態は多種多様であることに留意したい。

　②については，「一人ひとりに応ずる」ことや「児童生徒本人が主体である」こと，そして「学習や生活への可能性の拡大」を目的としたものであることを意味している。つまり障害による学習上又は生活上の困難に対して児童生徒本人が向き合い，よりよい方法で対処していくための知識や技能，態度や習慣を形成していくことが求められる。

　③については，児童生徒一人ひとりの発達の遅れや不均衡を改善したり，発達の進んでいる側面をさらに伸ばすことによって遅れている側面の発達を促すようにしたりして，全人的な発達を促進することを意味している。つまり，自立活動は各教科の指導で目指す資質・能力の育成を目指す上で支障となる困難の改善・克服を支える大事な役割を担っており，丁寧な実態把握とその背景要因の分析が必要となる。

　上記のことを踏まえ，自立活動の指導においては，児童生徒一人ひとりに対して適切に目標を設定することになる。

（2）自立活動の指導内容

　自立活動の内容は，人間として基本的な行動を遂行するために必要な要素と，障害による学習上又は生活上の困難を改善・克服するための必要な要素で整理されており，「健康の保持」「心理的な安定」「人間関係

の形成」「環境の把握」「身体の動き」「コミュニケーション」の 6 区分とこれらに関連する 27 項目で構成されている。

　「健康の保持」は，①生活のリズムや生活習慣の形成に関すること，②病気の状態の理解と生活管理に関すること，③身体各部の状態の理解と養護に関すること，④障害の特性の理解と生活環境の調整に関すること，⑤健康状態の維持・改善に関すること，の 5 項目で構成されている。

　「心理的な安定」は，①情緒の安定に関すること，②状況の理解と変化への対応に関すること，③障害による学習上又は生活上の困難を改善・克服する意欲に関すること，の 3 項目で構成されている。

　「人間関係の形成」には，①他者とのかかわりの基礎に関すること，②他者の意図や感情の理解に関すること，③自己の理解と行動の調整に関すること，④集団への参加の基礎に関すること，の 4 項目で構成されている。

　「環境の把握」には，①保有する感覚の活用に関すること，②感覚や認知の特性についての理解と対応に関すること，③感覚の補助及び代行手段の活用に関すること，④感覚を総合的に活用した周囲の状況についての把握と状況に応じた行動に関すること，⑤認知や行動の手掛かりとなる概念の形成に関すること，の 5 項目で構成されている。

　「身体の動き」には，①姿勢と運動・動作の基本的技能に関すること，②姿勢保持と運動・動作の補助的手段の活用に関すること，③日常生活に必要な基本動作に関すること，④身体の移動能力に関すること，⑤作業に必要な動作と円滑な遂行に関すること，の 5 項目で構成されている。

　「コミュニケーション」には，①コミュニケーションの基礎的能力に関すること，②言語の受容と表出に関すること，③言語の形成と活用に

関すること，④コミュニケーション手段の選択と活用に関すること，⑤状況に応じたコミュニケーションに関すること，の5項目で構成されている。自立活動の指導では，これらを踏まえて具体的な指導内容を個々に設定することになる。

　自立活動における6区分27項目の構成要素は，下山（2018）による説明を踏まえて例えると，自立活動における指導を行う際の「素材」であり，一人ひとりのニーズに合わせて組み合わせてうまく「料理」する（指導計画を作成・実施する）ことにより，おいしく食べられる（主体的に取り組める）ようにし，その結果，栄養がつき，より元気になる（効果的実施により困難を改善・克服していく）形を目指すということになる。

　指導に当たっては，個々の児童生徒の指導上の課題を基に，6つの区分の下に示してある項目の中から必要とされる項目を選定し，それらを相互に関連付けて具体的な指導内容を設定することになることから，まさにオーダーメイドの指導と言える。

　これらの区分・項目は全て指導しなければならないというものではない。児童生徒個々の学習上又は生活上の困難を踏まえ，その困難に関連する区分・項目を取り上げて指導することになる。また，単独で取り上げて指導するものではなく，複数の区分・項目同士を関連付けて具体的な内容を設定し指導することになる。

　なお，課題等に関する情報を収集し，自立活動の区分に即して整理し，目標を設定するほか，具体的な指導内容を設定するまでのプロセスについては，いわゆる「流れ図」として解説自立活動編に手続きが示され，各障害種別に「流れ図」が例示されているので参考にしたい。後述する知的障害の事例について p.140 に示す。

2．自立活動の位置付けの歴史的経緯

　「自立活動」という名称は，1999（平成 11）年の盲・聾・養護学校学習指導要領の改訂において従前の名称であった「養護・訓練」から改められたものである。「養護・訓練」は，1971（昭和 46）年の創設以降長年にわたって実践を通して成果を挙げてきたが，この名称変更の背景には「生きる力」を育成するという当時の教育全体の時流の中で「養い護る」「教え込む」などのイメージを連想させることが課題となっていた。そこで，「一人一人の幼児児童生徒の実態に対応した活動である」ことと「自立を目指した主体的な取組を促す教育活動である」ことを一層明確にする観点から現在の文言に改められた，とされている。その際に，目標についても個々の幼児児童生徒が自立を目指し，障害に基づく種々の困難を主体的に改善・克服しようとする取組を促す教育活動であることが一層明確になるよう意図された。

　なお，「養護・訓練」が位置付けられる前は，各教科の中で障害の状態を改善・克服する指導が行われていた。盲学校では，歩行訓練を「体育」，感覚訓練を「理科」において指導していた。聾学校では，聴能訓練を「国語」と「律唱」（音楽的な独自の教科）において，言語指導を「国語」に位置付けて指導していた。肢体不自由養護学校（現在の肢体不自由特別支援学校）では，「体育・機能訓練」，病弱養護学校（現在の病弱特別支援学校）では「養護・体育」という教科を設定して指導していた。そして精神薄弱養護学校（現在の知的障害特別支援学校）では，知的障害の特性を踏まえた教科を設定することで，障害の状態を改善・克服する指導に対応していた。

　その後，教科の中への位置付けだけでは限界があると考えられ，個別的，計画的かつ継続的・系統的な指導を行う必要性から，時間を特設し

た領域「養護・訓練」として位置付けられることとなった。

　このような背景もあり，現在，知的障害教育においては，知的障害者である児童生徒に対する教育を行う特別支援学校の各教科（以下，知的障害教育の各教科）において，知的発達の遅れや適応行動の困難さに対応することが基本となり，言語，運動，動作，情緒等，特定の分野に知的発達の遅れに随伴して見られる顕著な発達の遅れや特に配慮を必要とするさまざまな状態の改善については，自立活動の指導で対応するという形で整理されている。なお，解説自立活動編では，顕著な遅れや特に配慮を要する例として，言語面では「発音が明瞭でなかったり，言葉と言葉を組み立てて話したりすることが難しかったりすること」，運動や動作面では「走り方がぎこちなく安定した姿勢を維持できないこと」や「衣服のボタンを掛け合わせることが思うようにできないこと」などが挙げられている。

　以上のことから，知的障害教育においては，児童生徒一人ひとりの障害による学習上又は生活上の困難に対して，自立活動だけではなく，各教科を含む全ての教育活動を通して対応していると言える（図10－1）。

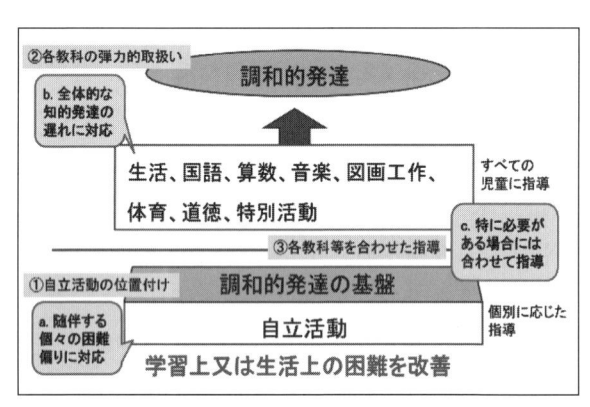

図10－1　知的障害教育における各教科と自立活動の関係整理の一例
※特別支援学校（知的障害）小学部の場合
下山（2018）を基に筆者作成

3．知的障害教育における自立活動の指導

（1）自立活動の指導における参考事例

　解説自立活動編では，知的障害のある中学部生徒の指導内容として，次の事例を挙げている。事例の実態は，知的障害の程度が「言葉による意思疎通が困難，日常生活面など一部支援が必要」とあり，ここでは対象生徒に関する情報収集に基づいて，関係する区分として「心理的な安定」「人間関係の形成」「コミュニケーション」を抽出し関連付け，「教師や友達からの助言等を受けながら，落ち着いて順番を守ることができる」という指導目標を設定している。

　次に，この指導目標を達成するために，関係する項目を選定し相互に関連付けて「学習場面で他者の助言を受け入れながら，情緒を安定させて，自分の順番を守れるようにする」「友達を意識して協働的な動作を促す」「学習場面で見通しをもてるようにし，順番を守ることを意識できるようにする」「状況に合わせながら，友達に伝えたいことを，絵カードから選択して伝える」という具体的な指導内容を例示し，具体的な指導場面を検討する流れを示している（図 10−2）。

　解説自立活動編では，視覚障害，聴覚障害，知的障害，肢体不自由，病弱・身体虚弱をはじめ，言語障害，情緒障害，自閉症，LD（学習障害），ADHD（注意欠陥／多動性障害）等の多様な障害種別を想定した多くの指導事例を挙げ解説している。知的障害のある児童生徒の事例のみならず，多様な障害の指導においても有用な事例が多く示されているので，参考にしたい。ただし，どの障害の例示も，実際には一人ひとりの困難の状態と背景要因は異なるため，単に例示を当てはめて指導するのではなく，あくまでも指導の手続きの参考として児童生徒一人ひとりの理解を深め，十分に検討を重ねていくことが肝要である。

学部・学年	中学部・第2学年
障害の種類・程度や状態等	知的障害の程度は，言葉による意思疎通が困難，日常生活面など一部支援が必要
事例の概要	学習場面の中で落ち着いて順番を待ったり，ルールを守ったりすること等の社会性の獲得を目指した指導

---

① 障害の状態，発達や経験の程度，興味・関心，学習や生活の中で見られる長所やよさ，課題等について情報収集

・基本的な生活習慣はほぼ自立している。
・見通しのもてる活動には集中して取り組むことができる。
・音声言語が不明瞭で，発声や指さし，身振りやしぐさ，絵カード等で簡単なコミュニケーションをとろうとすることが見られるが，何を伝えたいのか曖昧なときが多い。
・集団での学習場面において順番を待つなどの，ルールや決まり事を守ることが難しい。
・自分の気持ちや思いを一方的に通そうとする場合がある。

---

②-1 収集した情報（①）を自立活動の区分に即して整理する段階

健康の保持	心理的な安定	人間関係の形成	環境の把握	身体の動き	コミュニケーション
・健康状態は良好で，生活のリズムは確立している。	・新しい場所や活動には不安になりやすく，積極的に取り組むことはあまり見られないが，見通しがもてるようになると自分から取り組むことができる。 ・自分の思い通りにならないと情緒が不安定になり，混乱する場合がある。	・特定の教師とのかかわりが中心である。 ・集団から孤立していることが多い。 ・友達と協力して活動することが難しい。	・絵カードに強い興味を示すなど視覚優位の側面が見られる。	・動作模倣ができる。 ・粗大運動などの，運動機能に顕著な課題は見られないが，滑らかな動作が難しく，ぎこちなさや不器用さが見られる。	・発声や指さし，身振り等で自分の要求を伝えようとする。 ・音声言語による簡単な指示を理解することできる。

---

②-2 収集した情報（①）を学習上又は生活上の困難や，これまでの学習状況の視点から整理する段階

・相手に意思を伝えようとするが，十分に伝わらず情緒が不安定になることがある。
・多くの人との関わりの中で様々な体験をして，活動範囲を広げ，できることを増やしてほしい。
・気に入った活動があると集団の中で簡単なルールや順番を守ることができず，トラブルになることがある。
・絵カード等は有効ではあるが，理解できるカードがまだ少ない。

---

②-3 収集した情報（①）を○○年後の姿の視点から整理する段階

・将来，集団生活を送るために，集団の中でのルールや約束事を守って過ごすことができること。
・円滑なコミュニケーションが成立するコミュニケーション手段を獲得し，良好な人間関係を構築できるようになること。
・自分の思い通りにならなくても我慢したり，自分で気持ちを落ち着かせたりできるようになること。

---

③ ①をもとに②-1，②-2，②-3で整理した情報から課題を抽出する段階

・落ち着いて活動に最後まで参加することが難しい。（心，人）
・円滑なコミュニケーションを成立することが難しい。（心，人，コ）

---

④ ③で整理した課題同士がどのように関連しているかを整理し，中心的な課題を導き出す段階

・活動に対して見通しをもてるようにしていくことで，何をすべきかが分かり，落ち着いて活動に参加できると考える。そのためには情緒の安定と他者から指導や助言等を受け入れられる人間関係を形成していく必要がある。
・円滑なコミュニケーションが成立することにより，情緒の安定が図られ，落ち着いて活動に参加できることにつながると考える。
・他者からの指導や助言等を受け入れられる人間関係の形成を図りながら，集団への参加を促し，様々な経験を重ねる中でルールを守るなどといった社会性を育むことを目指していく。

図10-2　解説自立活動編に示されている知的障害の事例

課題同士の関係を整理する中で今指導すべき目標として	⑤　④に基づき設定した指導目標を記す段階
	・教師や友達からの助言等を受けながら，落ち着いて順番を守ることができる。

指導目標を達成するために必要な項目の選択	⑥　⑤を達成するために必要な項目を選定する段階					
	健康の保持	心理的な安定	人間関係の形成	環境の把握	身体の動き	コミュニケーション
		(1)情緒の安定に関すること。 (2)状況の理解と変化への対応に関すること。	(1)他者とのかかわりの基礎に関すること。 (2)他者の意図や感情の理解に関すること。 (4)集団への参加の基礎に関すること。			(2)言語の受容と表出に関すること。 (5)状況に応じたコミュニケーションに関すること。

⑦　項目と項目を関連付ける際のポイント
・＜他者からの助言を受け入れることができるために＞　（心）(1)と（人）(1)と（コ）(2)を関連付けて配慮事項として設定した指導内容が，⑧ア，⑧イである。 ・＜ルールや順番を守ることができるようにするために＞　（心）(2)と（人）(2)と（コ）(2)を関連付けて配慮事項として設定した指導内容が，⑧ア，⑧イである。 ・＜集団活動へ参加できるために＞　（心）(1)(2)と（人）(1)(4)を関連付けて配慮事項として設定した指導内容が，⑧ア，⑧イである。 ・＜簡単なやりとりが成立するために＞　（人）(1)と（コ）(5)とを関連付けて設定した具体的な指導内容が，⑧ウ，⑧エである。

選定した項目を関連付けて具体的な指導内容を設定	⑧　具体的な指導内容を設定する段階		
	ア　学習場面で，他者の助言を受けながら，情緒を安定させて，自分の順番を守れるようにする。	イ　友達を意識して協調的な動作を促す。 ウ　学習場面で，見通しをもてるようにし，順番を守ることを意識できるようにする。	エ　状況に合わせながら，友達に伝えたいことを，絵カードから選択して伝える。

（2）自立活動の時間を特設して取り扱う場合の留意点

　解説自立活動編には「自立活動は，授業時間を特設して行う自立活動の時間における指導を中心とし，各教科等の指導においても，自立活動の指導と密接な関連を図って行われなければならない」と明示されている。このことから基本的に自立活動は時間を特設して指導することと捉えられるが，後述する各教科等を合わせた指導として対応することも考えられる。いずれにしても，自立活動は全ての教育活動においても適切に指導することが求められる。

　また，自立活動の時間を特設して取り扱う場合の日課表上の位置付けについては，小・中・高等部（特別支援学級においては小・中学校）の一単位時間である45分または50分をひとまとまりとして指導するほか，20分などの短時間を日課表上に帯状に配列して継続して取り組めるよう，工夫している例が見られる。

　時間を特設して行う自立活動の指導では，単に授業時間を埋め合わせる訓練的な活動を繰り返し行ったり，発展性のない同じような課題を何度も繰り返すような活動を行ったりすることは避けなければならない。

　たとえば，手指の巧緻性を高めるために，単に分解したボールペンの部品を組み立てさせて，組み立てたものを分解させるといった「させられる」活動をただ繰り返すというようなことは，自立活動の指導として適切とは言えない。児童生徒がどうありたいのか，どうなりたいのか，そのために何をすることが必要と感じているのかを大切にし，「なぜ・なんのため」といった必然性を踏まえ，主体的に取り組める環境を設定することが大事である。つまり自立活動の指導においても，解説各教科等編に示す「知的障害のある児童生徒の学習上の特性等」や「教育的対応の基本」である10項目を踏まえることが不可欠である。言い換えると，いかに個別の課題を分析的に捉え，明確にしたとしても，具体的な

指導内容を実践する段階で，これらを踏まえた効果的な活動の工夫がなされず，児童生徒が「させられる活動」になってしまうと，効果を生み出しにくいと言える。

（3）各教科等を合わせた指導において取り扱う場合の留意点

学校教育法施行規則第130条第2項に示されている「特に必要があるときは，各教科，特別の教科である道徳，外国語活動，特別活動及び自立活動の全部又は一部について，合わせて授業を行うことができる」という規定により，「日常生活の指導」「遊びの指導」「生活単元学習」「作業学習」などの各教科等を合わせた指導を通して自立活動の指導を行うことができる。

しかしながら，各教科等を合わせた指導において，多様な各教科等の要素が含まれる豊かな活動に集団で取り組んでいるだけでは，自立活動の指導を行ったことにはならないので注意が必要である。まずは各教科等を合わせた指導において取り組む活動が，自立活動の指導目標に迫ることそのものを意図したものなのか，自立活動の趣旨を踏まえて配慮したものなのかについて確認することが必要である。自立活動として取り扱うのであれば，個別の指導計画によって設定された自立活動の指導目標を踏まえた上で，授業の中で具体的な指導内容を設定し，その指導目標が達成されたかどうか，適切な評価を行うことが大事である。

たとえば，「遊びの指導」において，集団での活動を通したほうが，他者とのかかわりやコミュニケーションの場面が引き出しやすいと考え，ダイナミックな遊びの場を設定し，児童が十分に活動できるように指導時間を確保し，他者とのかかわりを引き出すような遊具や環境を設定したとする。もし，この単元の全体でのねらいが「自分の好きな遊びに時間いっぱい取り組み，楽しむことができる」と設定していたとして

も，この活動を通して自立活動の指導を行うのであれば，自立活動としての指導目標を個別に設定する必要がある。

たとえばAさんは「集団での遊びにおいて他の児童を意識し，自分から働きかけることができる」，Bさんは「集団での遊びにおいて，自分の思うようにならない場面が生じた時に，自分なりに気持ちを切り替え，活動することができる」などの指導目標を設定することが考えられる。なお，この際の指導目標等は，自立活動の6区分27項目を踏まえたものである必要がある。一方で，個々の自立活動の指導目標に迫る上で，このような集団での遊びの活動の環境を設定して展開していくことが，より効果的に個々の困難の改善・克服につながると考え，このような指導の形態で指導する必要性があるという説明にもなる。

それぞれの指導目標を踏まえると，Aさんについては，「安心して他者とかかわれるような環境を設定し，他者とかかわることで楽しさを感じられるような指導」が必要となる。また，Bさんについては，「状況を理解して適切に対応したり，行動の仕方を身につけたりすることができるようになるための指導」が必要となる。必然的に環境設定や教師による働きかけも指導目標によって異なってくる可能性がある。

さらには，このように指導目標を踏まえた具体的な指導内容が適切に確保されるとともに，結果としてどのような力が身についたかについて，活動の中でのAさんやBさんの姿を複数の指導者で多面的に捉え，適切に評価する必要がある。このことは指導の形態にかかわらず大事なことである。

（4）児童生徒の生活年齢や発達段階を踏まえた指導

自立活動の指導では，小・中・高の各学部に在籍する児童生徒一人ひとりの発達段階や経験等を踏まえた指導目標が設定されるが，小学部段

階では，たとえば「具体物や絵カードなどを手かがりにこれから行う活動がわかり，取り組むことができる」や「身振りやサイン，絵カードによって要求を伝える」など，主に日常生活上の適応行動の形成に関するものが比較的多く見られる傾向にある。また，学部が進行していくにしたがって生徒が自己の目標設定をしたり，その目標の達成に向けてプランニングしたりすることが比較的多く見られる傾向にある。

　この背景として，小学部段階においては，日常生活動作の確立のほか，情緒の安定や他者とのかかわりなど，学習する上での土台づくりとなる生活そのものへのアプローチが重要視されていることが考えられる。

　また，高等部段階においては，本人が将来を見据え，目標を設定し，自分なりに「なぜ・なんのため」「何を」「どのようにするのか」を考え，自身の取り組みがどうであったかを振り返るといったことが重視されていると考えられる。なお，具体的な指導内容については，卒業後の移行を踏まえ，より社会的・職業的自立を意図したものが取り扱われる傾向があると考える。

　たとえば，他者とのかかわりやコミュニケーションといった具体的な指導内容についても，実際の社会生活や職業生活における具体的な状況を踏まえた場面設定や文脈が意図され，移行先との連携のもと，指導の工夫や環境整備がなされたり，指導の手立てなどの情報が共有されたりすることが増えていく。

4．知的障害教育における自立活動の課題と展望

（1）知的障害教育における自立活動の課題

　上述したように知的障害教育では，全ての教育活動において多様な困難性を踏まえた対応に努めてきた。その中で児童生徒にとっての必然性や手応えのある指導方法の一つとして，各教科等を合わせた指導を中心に展開してきた経緯がある。このことは，ある意味で本来的に「個別最適な学び」と「協働的な学び」を志向し実践してきたと言える。その一方で，このことが知的障害教育において相対的に自立活動そのものへの意識が高まりにくかった背景の一つとなったとも捉えられる。

　改めて一人ひとりの学習上又は生活上の困難について，自立活動の区分・項目に基づいて分析的に捉えるとともに，学習指導要領が示す「社会に開かれた教育課程」「育成を目指す資質・能力」「主体的・対話的で深い学び」「カリキュラム・マネジメント」や中央教育審議会（2021）が示す「個別最適な学び」と「協働的な学び」の視点（以下，「現代的視点」）を踏まえた学習活動を描き直していくと，自立活動は知的障害教育においても各教科における指導の充実を図る上で重要なカギを握っていることに気づく。

　言い換えると，単に週日課表上に自立活動の時間を位置付けていたとしても，それだけでは完結しないということである。児童生徒が自立活動での学習を有効に生かしていくためには，本人にとって必然性や意味のある有効な「文脈」を踏まえた学習活動を展開する必要があり，そのためには，必要な時数の確保や人的環境，物的環境の整備が求められる。しかしながら，週の総時数としての制約があるため，具体的・実際的な状況下で活動が展開される他の指導の形態との関連付けにより効果的に展開することや，自立活動の時間において「させられる」指導にな

らないよう留意しつつ，限られた時間内で本人にとって「意味のある」活動を工夫することが必要となる。

つまり，前者は教科等横断的な視点をより必要とし，後者は指導時数の確保と指導計画の工夫を必要とする。言い換えると，これまで各教科等を合わせた指導で展開してきた方法論に基づき，関連付けたり，あるいは取り入れたりする工夫が求められる。その場合には，自立活動の趣旨を踏まえ，個別に指導目標を設定し，個別の指導計画の活用を図りながら効果的に展開していくことが肝要となる。いずれの場合においても「現代的視点」の考え方を踏まえて，機能化を図ることが大事である。

（2）自立活動の充実に向けて

自立活動は，障害による学習上又は生活上の困難を改善・克服することを目指して指導が行われる。つまり児童生徒にとっては「できないこと」「苦手なこと」と向き合うことになる。そのため，指導に当たる教員は児童生徒理解が不可欠であり，「ありたい・なりたい」という思いや「やりたい」という意欲を引き出し，自立活動で展開される具体的な学習活動に児童生徒が取り組む必然性や必要性を考慮することが求められる。

また，教師は児童生徒の「できないこと」だけに着目せず，知的障害教育の「教育的対応の基本」（第4章）にも示されている「できること」や「強み」に着目し，それを生かしていく環境を整えることによって「認められる」経験につなげていくことが肝要である。

特別支援学校学習指導要領では，「個別の指導計画の作成と内容の取扱いにおける留意事項」として「興味をもって主体的に取り組み，成就感を味わうとともに自己を肯定的に捉えることができるような指導内容」「自己選択・自己決定する機会」「思考・判断・表現する力を高める

指導内容」「学習の意味を将来の自立や社会参加に必要な資質・能力との関係において理解し，取り組めるような指導内容」の必要性を指摘している。これらは，自立活動の指導では，児童生徒本人の必要性を踏まえることが不可欠であることを明確に示している。そのためには安心でき，信頼できる関係性を土台とした教師と児童生徒の「対話」，そして児童生徒同士の「対話」が不可欠である。

　また，特別支援学校や特別支援学級に在籍する知的障害のある児童生徒が，交流及び共同学習のように小・中学校等で学習する場合など，「個別の教育支援計画」に記載される合理的配慮や「個別の指導計画」に記載される配慮事項等を踏まえて学習環境を整えることが求められる。そのためには，自立活動において，意思を表明する力や必要に応じて自ら環境を整えたり，支援を求めたりする力等の育成も求められる。

　このような本人参画を一層進めていく観点から，今後「キャリア・パスポート」の活用が期待される。キャリア・パスポートは，「学校，家庭及び地域における学習や生活の見通しを立て，学んだことを振り返りながら，新たな学習や生活への意欲につなげたり，将来の生き方を考えたりする活動を行う」際に活用する，児童生徒が「活動を記録し蓄積する」教材であり，まさに一人ひとりの「学びをつなぐ」ツールである。

　児童生徒の実態に応じてキャリア・パスポートをカスタマイズすることにより，本人目線による学びの履歴が蓄積されていくものになる。そのためには，これまで特別支援教育において蓄積されてきたICT活用の知見を反映することが有効であると考える。

　今後キャリア・パスポートの活用により，児童生徒が目標を設定し，振り返りを通して取り組み状況が可視化され，自身の学びや育ちの実感につなげていくことが期待される。その際，児童生徒同士が認め合う機会を大切にするとともに，教師や保護者が本人の願いや思いを肯定的に

受け止め，目標に向けた本人の取り組みについて対話や記述を通して価値付けていくことが肝要となる。

なお，キャリア・パスポートの導入以前から，その趣旨を踏まえた本人主体の個別の諸計画の作成と活用を先駆的に進めてきた事例としては，熊本大学教育学部附属特別支援学校による PATH の活用や，秋田大学教育文化学部附属特別支援学校による「私の応援計画」，京都市立総合支援学校職業学科 3 校や横浜市立若葉台特別支援学校による「キャリアデザイン」などが挙げられる。このような実践は難しいと捉えている学校は少なくないと推察するが，キャリア・パスポートの導入と活用によって同様の取り組みにつながっていくことが期待される。

キャリア教育の要（かなめ）となる学級活動やホームルーム活動と自立活動を関連付け，対話を通した目標設定と振り返りを小集団で行うことは，児童生徒にとっての「納得解」が得られやすく，自己理解や他者理解，人間関係の形成をはじめとする，知的障害のある児童生徒の学習上又は生活上の困難の改善・克服に向けて効果的に機能すると考える。まさに自己と向き合うことが求められる自立活動において，学びの必然性を実感し，具体的な方策や必要な支援について考えるなど，児童生徒本人にとっての重要な「学びの文脈」をつくる重要な時間となるはずである。

キャリア・パスポートの活用や個別の指導計画への本人参加など，自立活動の趣旨を踏まえた個別の諸計画を作成し，PDCA サイクルを機能させ，評価・改善を図っていくことが重要であり，今後の充実が求められる。

学習課題

1．知的障害のある児童生徒の学習上または生活上の困難とは何かについて「具体的に」考えてみよう。
2．知的障害のある児童生徒の「強み」について考えるとともに，困難について自立活動の6区分27項目で分析的に捉え直してみよう。
3．知的障害のある児童生徒の「強み」を生かしつつ，困難を改善・克服するための指導内容・指導方法について「具体的に」考えてみよう。

引用文献

1）中央教育審議会「『令和の日本型教育』の構築を目指して～全ての子供たちの可能性を引き出す，個別最適な学びと，協働的な学びの実現～（答申）」2021
2）今井彩・前原和明「児童生徒の「思い」「願い」に寄り添うということ～「私の応援計画」の作成と現場実習を通した自己実現へのプロセス～」特別支援教育研究795，全日本特別支援教育研究連盟編，東洋館出版社．2023
3）菊地一文『確かな力が育つ知的障害教育「自立活動」Q&A』東洋館出版社．2022
4）菊地一文「これからの各教科等を合わせた指導」特別支援教育研究793，全日本特別支援教育研究連盟編，東洋館出版社．2023
5）菊地一文「確かな力が育つ知的障害教育における「自立活動」」特別支援教育研究794，全日本特別支援教育研究連盟編，東洋館出版社．2023
6）菊地一文「知的障害教育における自立活動の課題とその対応方策」特別支援教育研究757，全日本特別支援教育研究連盟編，東洋館出版社．2020
7）熊本大学教育学部附属特別支援学校編著『特別支援教育のチームアプローチ ポラリスを探せ～熊大式授業づくりシステムガイドブック～』ジアース教育新社．2012
8）文部科学省『特別支援学校教育要領・学習指導要領解説　自立活動編（幼稚部・小学部・中学部)』開隆堂出版．2018
9）文部科学省『「キャリア・パスポート」例示資料等について』2019
10）岡本洋・菊地一文「生徒と一緒に進める教科等横断的なカリキュラム・マネジメント」特別支援教育研究783，全日本特別支援教育研究連盟編，東洋館出版社．2020
11）下山直人監修・全国特別支援学校知的障害教育校長会編著『知的障害特別支援学校の自立活動の指導』ジアース教育新社．2018

11 │ 知的障害特別支援学級の教育課程・学級経営・授業づくり

佐藤愼二

《**目標＆ポイント**》 知的障害特別支援学級の教育課程の特徴について学習指導要領等に基づき概説し，学級経営の望ましいあり方や留意点，そして授業づくりのポイントについて検討する。

《**キーワード**》 知的障害特別支援学級，教育課程，学級経営，授業づくり

1. 特別支援教育と特別支援学級

　学校教育法第81条第1項において「幼稚園，小学校，中学校，義務教育学校，高等学校及び中等教育学校においては，次項各号のいずれかに該当する幼児，児童及び生徒その他教育上特別の支援を必要とする幼児，児童及び生徒に対し，文部科学大臣の定めるところにより，障害による学習上又は生活上の困難を克服するための教育を行う」と示されている。すなわち，障害のある子どもの教育的支援は，通常の学級も含め，どの教育の場でもなされる。その上で，同81条第2項で「小学校，中学校，義務教育学校，高等学校及び中等教育学校には，次の各号のいずれかに該当する児童及び生徒のために，特別支援学級を置くことができる。一　知的障害者，二　肢体不自由者，三　身体虚弱者，四　弱視者，五　難聴者，六　その他障害のある者で，特別支援学級において教育を行うことが適当なもの」と規定している。

　他章でも触れているように，障害等のある子どもの学びの場は，その

教育的ニーズに応じて柔軟に検討される時代になっている。特別支援学級は，障害のある子どもにより充実した教育を行うために設置する特別な学級で，通常の学級，特別支援学校，通級による指導と同様に，「多様な学びの場」の一つとして機能している。なお，特別支援学級は，少人数の学級編制（1学級8名　※「公立義務教育諸学校の学級編制及び教職員定数の標準に関する法律」第3条）ができることに加えて，以下に触れるように，子どもの様子に応じて柔軟に教育課程を編成できるようになっている。

2．知的障害特別支援学級の対象と現状

（1）知的障害特別支援学級と特別支援学校

特別支援学級の対象である障害の種類及び程度については，文部科学省によって2013年に示された「障害のある児童生徒等に対する早期からの一貫した支援について（通知）」によって定められている。同通知では，「ア　知的障害者，イ　肢体不自由者，ウ　病弱者及び身体虚弱者，エ　弱視者，オ　難聴者，カ　言語障害者，キ　自閉症・情緒障害者」として，障害の種類を示している。さらに，同通知では，特別支援学級に入級する目安として知的障害の程度を「知的発達の遅滞があり，他人との意思疎通に軽度の困難があり日常生活を営むのに一部援助が必要で，社会生活への適応が困難である程度のもの」としている。

なお，特別支援学校の対象となる知的障害の程度は，学校教育法施行令第22条第3項において「一　知的発達の遅滞があり，他人との意思疎通が困難で日常生活を営むのに頻繁に援助を必要とする程度のもの。二　知的発達の遅滞の程度が前号に掲げる程度に達しないもののうち，社会生活への適応が著しく困難なもの」と示されている。

（2）特別支援学級の設置状況等

　次表は特殊教育から特別支援教育への転換が図られた 2007（平成 19）年度と 2022（令和 4）年度の小学校及び中学校特別支援学級（知的障害及び自閉症・情緒障害）の設置状況と在籍人数を比較したものである。

　小学校・中学校の全児童生徒数は大きく減少しているにもかかわらず，知的障害特別支援学級の在籍者数は 156,661 人（約 2.3 倍）となっている。また，知的障害のある児童生徒が在籍している場合もあることから自閉症・情緒障害特別支援学級の推移も示した。それによると，在籍者数が 183,618 人（約 4.8 倍）と著しく増えている。一方で，特別支援学校教諭免許状の保有率は 30% 台と低く，専門性の担保が求められている。

表 11-1　特別支援学級の設置状況

		2007（平成 19）年度	2022（令和 4）年度
全児童生徒数		10,815,272 人	9,303,238 人
知的障害	学級数	20,467 学級	32,432 学級
	在籍数	66,711 人	156,661 人
自閉症・情緒障害	学級数	12,727 学級	35,515 学級
	在籍数	38,001 人	183,618 人
免許保有率		32.4%	31.0%

※文部科学省「特別支援教育資料」及び 2023（令和 5）年度「学校基本調査」を参考に筆者が作成。
＊免許保有率―知的障害，自閉症・情緒障害以外の障害種も含む全ての特別支援学級担任が特別支援学校教諭免許状を保有している割合。
＊2007（平成 19）年度調査当時の「自閉症・情緒支援特別支援学級」は「情緒障害特別支援学級」との名称であった。

3．特別支援学級の教育課程

（1）法的な位置付け

　小学校学習指導要領（平成 29 年告示）解説総則編（以下，解説と記す。なお中学校の解説にも同様の記載）では「特別支援学級は，学校教育法第 81 条第 2 項の規定による，知的障害者，肢体不自由者，身体虚弱者，弱視者，難聴者，その他障害のある者で，特別支援学級において教育を行うことが適当なものである児童を対象とする学級であるとともに，小学校の学級の一つであり，学校教育法に定める小学校の目的及び目標を達成するものでなければならない。ただし，対象となる児童の障害の種類や程度等によっては，障害のない児童に対する教育課程をそのまま適用することが必ずしも適当でない場合がある」としている。

　学校教育法施行規則第 138 条には「小学校，中学校若しくは義務教育学校又は中等教育学校の前期課程における特別支援学級に係る教育課程については，特に必要がある場合は…（中略）…**特別の教育課程**によることができる」（太字筆者）とある。さらに，同第 139 条には「前条の規定により特別の教育課程による特別支援学級においては，文部科学大臣の検定を経た教科用図書を使用することが適当でない場合には，当該特別支援学級を置く学校の設置者の定めるところにより，他の適切な教科用図書を使用することができる」とある。

　つまり，特別支援学級では，子どもの障害等の状態に応じて特別の教育課程を柔軟に編成できるようになっている。

（2）「特別の教育課程」とは？

　小学校学習指導要領（平成 29 年告示）（以下，本文と記す）において，「特別の教育課程」について説明されている。「（ア）障害による学習上

又は生活上の困難を克服し自立を図るため，特別支援学校小学部・中学部学習指導要領第7章に示す自立活動を取り入れること。（イ）児童の障害の程度や学級の実態等を考慮の上，各教科の目標や内容を下学年の教科の目標や内容に替えたり，**各教科を，知的障害者である児童に対する教育を行う特別支援学校の各教科に替えたりする**などして，実態に応じた教育課程を編成すること」（太字筆者）とされている。

　ただし，「特別の教育課程」を編成する際には，小学校の一つの学級であることから，「なぜ，その規定を参考にするということを選択したのか，保護者等に対する説明責任を果たしたり，指導の継続性を担保したりする観点から，理由を明らかにしながら教育課程の編成を工夫することが大切であり，教育課程を評価し改善する上でも重要である。」（解説）と示されている。

（3）知的障害特別支援学級における「特別の教育課程」

①　各教科等を合わせた指導の重視

　本文には「各教科を，知的障害者である児童に対する教育を行う特別支援学校の各教科に替えたりするなどして，実態に応じた教育課程を編成する」とある。知的障害のある子どもの自立と社会参加を目指す知的障害教育の各教科等の効果的な指導法として，解説各教科等編でもその詳細が解説されている「各教科等を合わせた指導」がある。知的障害という生活上・学習上の困難性やその特別な教育的ニーズに応えるために，本書でも紹介されている「各教科等を合わせた指導」である「生活単元学習」「作業学習」等の知的障害教育の方法を特別支援学級でも大切にしたい。

②　自立と社会参加を目指して

　特別支援学級でも，知的障害のある子どもの生活の自立を目指し，生

活に必要な内容が重視される。大きな目的は「自立と社会参加」である。教育課程の中心に，生活単元学習，作業学習等の各教科等を合わせた指導を位置付け，過ごしやすく，学びやすい学校生活にする。

　「教科別の指導」を行う場合，通常の教育に準じて下学年の内容から系統的に取り組む例が見られるが，必ずしも十分な効果が得られないこともある。解説各教科等編では「教科別の指導」を行う際にも，**「生活に即した活動を十分に取り入れつつ学んでいることの目的や意義が理解できるよう段階的に指導する必要がある。」**（太字筆者）としている。自立と社会参加に向けて，生活を大切に実際的・具体的な内容を重視して教育課程を編成する。

4. 自立を目指す教育課程の実際

（1）子どもの様子を確認する

　新設学級の場合には，教育委員会の担当者が入級する子どもたちの様子をまとめた資料を保管している。既設学級の場合には，できれば前任者とのフェイス・トゥー・フェイスの引き継ぎを前提に，子どもの様子を把握する。

○健康・安全上の配慮事項―障害名とその配慮の基本，発作の有無，アレルギー，パニック等の有無

○医療・福祉機関等との関わり―医療機関名，服薬の有無とその薬の作用と副作用，児童発達支援センターや民間の療育機関，放課後等デイサービス等との関わり

○教育活動の制約の有無―上記に関連してプールや体育的活動，あるいは，宿泊を伴う活動，校外学習での配慮等を含む学校生活全般での配慮点

○子どものよさ・得意と苦手・不得意―好きな活動，得意な遊び，趣味……等

○通学方法・通学路……等

　既設の場合は，通知表のコピー，保護者との個別面談記録，家庭訪問記録，健康調査票，就学支援関係資料，医療機関からの情報資料……等も確認する。なお，これらの情報が，「個別の指導計画」「個別の教育支援計画」としてまとめられている場合もある。

　子どもの様子を把握する際に大切なことは，子どもの得意・よさ・できることに目を向けることである。それらが発揮される活動からスタートする姿勢が求められる。

（2）学校環境・学校周辺環境の確認

①　学校全体が大きな教室

　たとえば，グラウンドの固定遊具が豊富ならば本格的なサーキット運動を取り入れる。さらに，子どもたちと一緒にサーキット用具を手作りして活動を盛り上げるような発想が大切になる。あるいは，フェンス周りの日当たりがよければ花壇づくりができ，木立が豊富ならば，秋から冬にかけては落ち葉で花壇用の堆肥づくりもできる。「各教科等を合わせた指導」を中心に発想すると学校環境はそのまま教材になる。

> ○グラウンドの様子と固定遊具　○木立の様子　○フェンス周りの状況
> ○音楽・体育・図工関係の備品　○畑や専用花壇　○飼育舎　○池
> ○屋上や校舎の裏手の様子……等

②　街は大きな教室

　「学校全体が大きな教室」と記したが，生活の自立を目指す特別支援学級にとっては，さらに，学校周辺の「街そのものが大きな教室」になる。実社会・実生活で汎用性の高い生きる力が大切にされるため，その活動は地域社会の中にも求めたい。

　街中にある学校ならば，交通機関を積極的に利用する活動を繰り返し

仕組んだり，地域の図書館等の公共機関に出かけてその利用の仕方を学んだりする。近くの公民館と連携して，製作した椅子やベンチ等を活用してもらったり，定期的に草花を植え替えたりするなど，地域の役に立つ活動を継続的に組織する等もできる。

　自然が豊かならば，子どもたちと弁当を作って定期的にハイキングやサイクリングに行く活動を用意したり，休耕田を利用させてもらったりする。地元の名産や伝統芸能があるならば，それらの活動に継続的に取り組むことで地域との交流及び共同学習に発展させていく。

　現行の学習指導要領では「社会に開かれた教育課程」が大きなキーワードになっている。子どもたちが暮らす身近な地域としっかりつながり，地域に根ざす自立と社会参加を目指したい。

○学校周辺の自然　○公園　○公共機関（図書館，役所，交番，消防署等）○地元の名産品（果物，野菜，工芸品等）　○地元の伝統芸能（踊り，太鼓など）　○道路状況及び公共交通機関　○さまざまなお店　○校外に借りている畑　○工業団地……等

（3）年間計画・授業計画のポイント―「自分が子どもだったら！」―

① 生活上の目標設定の大切さ

　子どもが目の色を変えて主体的に取り組みたくなる生活上の目標や活動が大切である。「自分が子どもだったら！」の思いで年間の学級生活・授業づくりを発想する。

　まずは，その地域の特別支援学級合同行事（運動会，作品展，発表会，作業製品販売会等）の時期を確認する。行事は身につけた力をより大きな場で，より多くの人の前で発揮して称賛されることを通して，さらに力を高める機能がある。それらがその期間の生活・活動の中心にな

るように年間計画を立案する。

　加えて，校内の運動会や歌声発表会等には交流学級での参加だけでなく，学級独自の種目や発表を用意する。計画的に練習を積み上げ，全校の子ども・保護者の前で存在感あふれるパフォーマンスを披露したい。

②　学年行事の確認と学級独自の単元

　上記と並行して，修学旅行等の各学年の大きなイベントも確認する。各学年との連携を十分に図って，学級でできる支援も行いながら，その子どもにとってよりよいイベントになるように事前の支援をする。

　その上で，ある時期のある期間は学級全体で独自に取り組む楽しく・やりがいある活動を連続的に組織する。そして，（1）（2）で確認したような子どもの様子，学校や地域の資源，季節に応じて，「自分が子どもだったら！」の思いで発想することが大切になる。

○遊ぶ―校庭の固定遊具にプラスの遊具を加えたり，空き教室に「○○ランド」を作ったりして思い切り遊ぶ，さらには通常の学級の友達を招待して遊ぶ……等
○ゲーム的活動―身体を使うゲーム，（オリジナル）カードゲームやボードゲーム（＊ゲームはソーシャルスキルトレーニングの貴重な教材になる）……等
○働く―畑や花壇の活動，本格的な製品製作と販売，近くの企業との連携……等
○演じる―（できれば「発表する」ことを前提に）演奏，合唱，踊り・ダンス，劇（演劇，ペープサート，パネルシアター），地元の伝統芸能……等
○つくる―調理的，図工的要素のある活動を連続的に取り組む，カレンダーづくり，地元のゆるキャラ関連グッズの製作，地元の名産品……等
○校外学習―目的地を相談して決めて，行き方，必要経費等を調べて出かける。お弁当を作ってサイクリング，ハイキングに連日取り組む……等

　（1）（2）で触れたような子どもの様子と学校・学級の諸条件を踏まえて，単元・活動を用意する。楽しく・やりがいある活動だからこそ，子どもが力を繰り返し使い，力を身につけていく。

③　時間割の作成

月	火	水	木	金
登校・着替え・係活動				
朝の運動（自立活動）・朝の会				
教科等の学習（及び個別交流）				
生活単元学習（作業学習）				
昼食・昼休み・清掃				
教科等の学習（及び個別交流）				
着替え・帰りの会				

図 11-1　時間割の例

　交流及び共同学習（第13章）との関係もあり，必ずしも理想の時間割が作成できるわけではない。しかし，特別支援学級の時間割を確定してから，通常の学級の時間割を作成したり，時間割検討会議に特別支援学級担任も参加したりする等，特別支援学級を大切にする学校を目指したい。

　そして，図にあるように，子どものわかりやすさと取り組みやすさを高める帯状の時間割が望ましい。学級集団である以上，生活目標の実現に向けて全員で協力できる時間帯を用意する。楽しく・やりがいある活動には，仲間と連日取り組み，力を繰り返し使える学級生活（＝時間割）にする。

　なお，交流及び共同学習や特別教室との関係で，帯状の時間割ができないこともある。その際にも，可能な限り，学級の全員が集まって同じテーマの実現に向けて取り組む時間を用意できるように学校全体の協力を得て調整したい。

　また，一コマの授業時間45（50）分を基本にしつつも，それにこだわることなく，子どもの様子も踏まえて柔軟な時間配分を検討する。子どもにとって苦手意識が強いことも多い算数等の教科別の指導には，15（30）分等の短時間に集中して取り組む方法も検討する。仮に，教科別の指導時間を長く設定する場合も，生活単元学習等で取り組んでいる活

動と関連づけて展開することで生活全体にまとまりができる。それにより，子どももわかりやすくなり，取り組みやすくなる。

5．学級経営上の重要事項

（1）交流及び共同学習の取り組み

　共生社会に向けたインクルーシブ教育システムの構築を目指す上で，交流及び共同学習の充実が求められている。その本質的な視点として「授業内容がわかり学習活動に参加している実感・達成感を持ちながら，充実した時間を過ごしつつ，生きる力を身に付けていけるかどうか」（「共生社会の形成に向けたインクルーシブ教育システム構築のための特別支援教育の推進（報告）」2012）が問われている。「通常の学級と昨年度も行っていたから……」と機械的に展開する交流及び共同学習（以下，交流と記す）ではなく，子ども本人の実感を大切に力が身につく交流を目指したい。

①　通常の学級に「行く交流」の場合

ア，目標及び手立ての検討

　交流における子どもの様子を把握し，目標が実現されているのかを確認したい。子どものよい姿が実現されていないとすれば，目標そのものの妥当性の再検討や尽くされた手立ての有効性を検討する必要がある。

　そのためには，通常の学級担任との連携を大切に，子どもの様子を日常的に確認し合う姿勢が求められる。

イ，子どもの自己評価

　通常の学級の教科指導に参加できる力はあっても，本人の気持ちが前向きにならない場合もある。自ら進んで取り組み，力を使うからこそ力が身につくとするならば，子どもの意欲はとても大切になる。子ども本人の思いを確認しながら，通常の学級担任ともよく相談し，段階的に進

めていく必要がある。

ウ，通常の学級に「学級として行く交流」の展開

　特別支援学級として取り組んできた簡単な演奏や劇等を通常の学級で発表する形もある。これは，学級として取り組んできた成果の発表を兼ねることになり，子どもたちも自信のある活動の発表となる。

　このようなミニ公演を重ねながら，校内や地域の発表会へと発展させていく交流を目指したい。

② **特別支援学級に「招く交流」の場合**

　特別支援学級の子どもが日頃取り組んでいる活動に，通常の学級の子どもたちを招待して活動を共にする形態である。たとえば，生活単元学習でプレイルームに「○○ゲーム・ランド」を展開している場合，通常の学級の友達とペアになる特別支援学級の子どもたちがイニシアチブをとりながらさまざまなコーナーを巡ることができる。この形態の最大の利点は，特別支援学級の子どもたちが主役になれることにある。

③ **学校生活全体を通して**

　運動会や遠足のような全校・学年行事，長い休み時間や昼休み時間，給食や清掃等の場面や作品展示等も含めて，学校生活全体を通して交流を展開したい。そして今後は，福祉の授業等も含む学校全体としての障害者理解教育の枠組みの中で交流を再検討したい。

（2）進路支援の取り組み

① **不安を受け止めながら**

　冒頭で触れたように「多様な学びの場」が柔軟に検討される時代になっている。しかし，将来の進路に関して子どもや保護者が抱く不安は決して小さくはない。中学校や高等学校は？　特別支援学校とは？　卒業後は？　……先が見えない不安を子どもも保護者も抱えている。特別

支援学級では，子どもだけでなく，保護者も一体となって進路について考えていく取り組みが求められている。

②　具体的な取り組み例

> ○子どもに―卒業生の学級・学校訪問，想定進路先との合同学習・交流行事，体験入学……
> ○保護者に―（卒業生保護者を招いての）進路学習会の設定，保護者による学校・学級参観……

　上記の活動は，子どもと保護者が合同で取り組むことが可能である。

③　中学校特別支援学級の場合

　義務教育の終了という大きな節目としての意識と同時に多様な進路先（高等学校〈定時制含む〉，サポート校，特別支援学校高等部，あるいは，一般就労，福祉就労等）が想定される。参観・見学や就業体験の機会を用意しながら，子どもと保護者で将来の生活を一緒にイメージすることになる。必要に応じて，特別支援学校のコーディネーターと連携しながら進める必要がある。

（3）保護者との連携

①　子どもの「よい姿」の実現が連携の始点

　「自分がその子どもの保護者だったら！」と常に逆の立場でイメージする。参観日等で「わが子は学校ではこんなにできる！」と保護者が驚くような子どもの姿を実現する。「学校でここまでできるなら，家でも頑張ってみよう！」と保護者が思えることが大切である。保護者との連携において何よりも大切なことは学級経営・授業づくりである。

②　ピアサポート機能を生かす

　特別支援学級には，一つの学級に異学年の子どもの保護者が集うとい

う大きな特色がある。日常的な子育ての悩みや不安をはじめとして，進級や進学に関しても保護者同士ならではの仲間（ピア）としての支え合いが機能するように保護者会の工夫をする。

③ **地域のさまざまなサービスを把握・紹介する**

近年，放課後等デイサービス等のさまざまな地域支援が充実している。これらのリソースとも積極的に連携を図りながら，子どもと保護者を支えていく時代になっている。

6. 今後の課題

特別支援学級はその設置数の増加に伴い新担任の数も増えている。特別支援学校のように学校全体が特別支援のチームになっている状況とは異なり，特別支援学級新担任の場合には支援を得られる機会は少ない。

特別支援の専門性を担保するためにも採用・人事のあり方，研修制度，地域のネットワーク等，総合的な体制整備が求められている。

学習課題

1. 知的障害特別支援学級における「特別の教育課程」について，学習指導要領等も踏まえて考えてみよう。
2. 知的障害特別支援学級における学級経営や授業づくりの実際的な留意事項について，考えてみよう。

参考文献

文部科学省『小学校学習指導要領（平成 29 年告示)』東洋館出版社．2018

文部科学省『小学校学習指導要領（平成 29 年告示）解説　総則編』東洋館出版社．
2018

文部科学省『特別支援学校学習指導要領解説　各教科等編（小学部・中学部)』開
隆堂出版．2018

日本生活中心教育研究会『実践　知的障害特別支援学級─子ども主体の授業づくり
のために─』ケーアンドエイチ．2018

佐藤愼二『入門　自閉症・情緒障害特別支援学級─今日からできる！自立活動の授
業づくり─』東洋館出版社．2019

佐藤愼二『今日からできる！小学校の交流及び共同学習─障害者理解教育との一体
的な推進をめざして─』ジアース教育新社．2021

佐藤愼二『知的障害特別支援学校─子ども主体の授業づくりガイドブック─』東洋
館出版社．2020

12 | 今日的な課題への対応（1）
—キャリア発達支援と進路支援

菊地一文

《**目標＆ポイント**》「キャリア教育」及び「キャリア発達」の定義について解説するとともに，知的障害教育における実践事例を紹介する。加えて多様な就労支援を含む進路支援について概説する。これらを通して知的障害教育におけるキャリア発達を促す「キャリア教育」の意義や全ての教育活動を通して取り組む必要性について理解を図る。

《**キーワード**》 知的障害教育とキャリア発達支援，進路支援

1．学習指導要領における「キャリア教育」の位置付け

　2017（平成29）年及び2018（平成30）年に告示された小学校，中学校，高等学校及び特別支援学校小学部・中学部・高等部の全ての学習指導要領に「キャリア教育の充実」が明示された。従前は，高等学校及び特別支援学校高等部学習指導要領（2009）に限定し，進路指導の文脈を踏まえ「推進する」ことが明示されていたが，改訂により「特別活動を要（かなめ）として，その充実を図る」ことが明示され，よりキャリア教育の本質を踏まえた位置付けとなった。

　具体的には，特別支援学校小学部・中学部学習指導要領では，第1章総則第5節「児童又は生徒の調和的な発達の支援」の「1　児童又は生徒の調和的な発達を支える指導の充実」において（1）「学級経営」（高等部はホームルーム経営），（2）「生徒指導の充実」に次いで，（3）「キャリア教育の充実」が位置付けられた。

（3）「キャリア教育の充実」には，「児童又は生徒が，学ぶことと自己の将来とのつながりを見通しながら，社会的・職業的自立に向けて必要な基盤となる資質・能力を身に付けていくことができるよう，特別活動を要としつつ，各教科等の特質に応じてキャリア教育の充実を図ること。その中で，中学部においては，生徒が自らの生き方を考え主体的に進路を選択することができるよう，学校の教育活動全体を通じ，組織的かつ計画的な進路指導を行うこと。」と記載されている。なお，小・中学校及び高等学校，特別支援学校高等部においても概ね同様の位置付けや記載内容となっている。

キャリア教育は，障害の有無や状態，そして学校・学部段階にかかわらず，全ての教育活動が，あらゆる児童生徒一人ひとりの「学び」をはじめとするさまざまな役割や物事との向き合い方に影響を与えるものであることを示唆している。まさに児童生徒一人ひとりのキャリア発達の支援に努めるとともに，その視点から教育活動全体を見直し改善する理念と方向性を示すものがキャリア教育である。

2. 「キャリア教育」「キャリア発達」の定義

わが国における「キャリア教育」の定義は，2011（平成23）年に中央教育審議会が答申した「今後の学校におけるキャリア教育・職業教育の在り方について」（以下，「キャリア答申」）において，「一人一人の社会的・職業的自立に向け，必要な基盤となる能力や態度を育てることを通して，キャリア発達を促す教育」と示されている。

本定義には，「キャリア教育」において踏まえるべきポイントが3点明示されている。

1点目は，「社会的」という文言である。ここでいう自立とは，一般就労等の職業的自立のみを目指したものではなく，より広義の自立を目

指したものであることを示している。

2点目は、「必要な基盤となる」という文言である。この定義で示される「能力や態度」とは、広義の自立のための基盤や土台となる能力や態度を意味するものであり、これらは、<u>幼児期の諸活動や初等教育段階から教育課程全体を通して</u>取り組むものであることを示している。

3点目は、「能力や態度を育てることを通して、キャリア発達を促す」の部分であり、キャリア教育の理解においては、この箇所が最も重要と言える。ここでは、キャリア教育の定義を「能力や態度を育てる教育」とせず、「能力や態度を育てることを通して」としていることに留意したい。すなわち、<u>「基礎的・汎用的能力」等の「育てたい力」の育成そのものを意味するのではなく、これらの能力や態度の育成を「通して」、児童生徒のキャリア発達を促す教育</u>を意味し、教師主導の教え込みではない、本人が主体的に取り組めるよう、支援する教育のことを指している（下線は筆者）。

なお、「キャリア発達」については、「社会の中で役割を果たすことを通して、自分らしく生きていくことを実現していく過程」と定義している。キャリア教育は、小学部・小学校段階からの全ての教育活動を通して資質・能力を育成するものであることについては理解されてきているが、この「キャリア発達」の理解については、未だ十分とは言えず、この理解こそがキャリア教育の推進及び充実において重要なカギとなる。この課題を踏まえ、学習指導要領には「キャリア発達を促す」という文言が各所で示されている。

「キャリア発達」の定義は、児童生徒が社会の中で「役割を果たすこと」を経験するとともに、振り返ることによってその意味や意義に気づき、自分なりに「意味付け」できるようになっていくプロセスこそが「キャリア発達」であることを示している。成功だけではなく、失敗し

たとしても，そのこと自体に何らかの意味を見出し，物事の見方や捉え方に影響する。また，ある物事に対しての見方や捉え方は固定的とは言えない。たとえば過去の「失敗」に対して，その時はネガティブな「意味付け」だったとしても，その後，さまざまな経験を重ねていくことによって物事の見方や捉え方が変化し，失敗が「学ぶべき大切な何か」を示唆していたことに気づくことがあり得る。私たちはまさに生涯にわたってさまざまな役割を通して「キャリア発達」し，常にその「過程」にあるのである。

　なお，ここでいう「役割」とは，「職業的役割」だけではなく，「ライフキャリアの虹」（図12−1）が示すさまざまな役割であることに留意したい。とりわけ学校教育段階にある児童生徒の一番の役割は「学ぶこと」であり，「学ぶこと」に対して自分なりに意味付けし，「自分ごとの学び」としていくことが，卒業後の「働くこと」を中心とした多様な役割につながっていくのである。

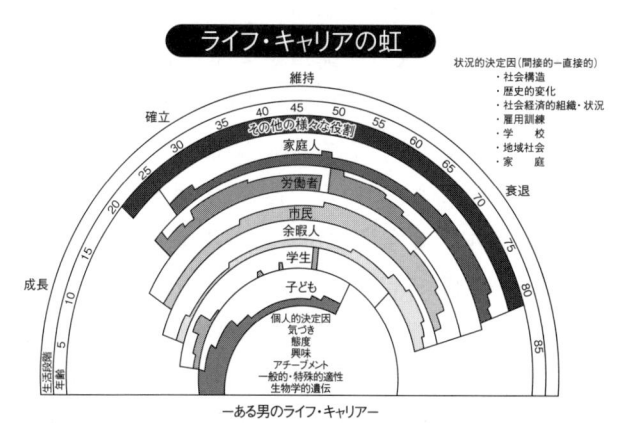

図12−1　ライフキャリアの虹

続いて，図12-2の知的障害
のある生徒が作った詩につい
て，キャリア発達の視点から解
釈を試みる。この詩を作った生
徒は，家庭での「役割」とし
て，毎日米とぎの手伝いをして
いる。着目したいのは，「心を
こめて米をといでいる」という
ことである。「心をこめて」い

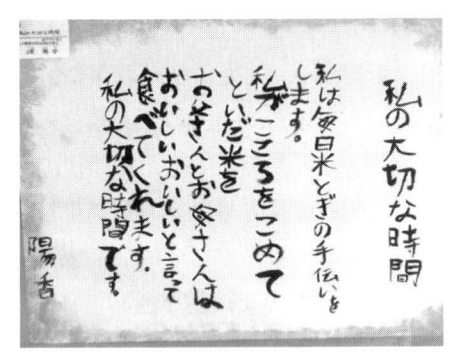

図12-2　知的障害のある生徒の詩

るのだから，「事足りればよい」と捉えているのでも嫌々行っているの
でもなく，食べてもらう相手のために主体的に行っているのである。ま
た，お父さんとお母さんが「おいしいおいしいと言って食べてくれる」
ことが，生徒の「米とぎの手伝いをする」ことに対する意味付けにつな
がっているのである。さらには，このことにより，生徒は「米とぎの手
伝いをする」ことを「私の大切な時間」と思えるようになっていく。と
もすれば，将来を考えるあまり「何ができるようになるか」といったス
キルに目が向きがちになり，生徒にスキルを「身につけさせ」ようとし
てしまうことが少なくないが，この詩は，教え込みではない，本人主体
の「学び」の重要性を示唆している。他者との関係性の中で「何のため
に行うのか」という本人の意識化が図られていくとともに，他者から
「認められる」ことを通して自己有用感が高まっていくのである。

　この一連の学びは，キャリア教育は職業教育だけではなく多様に展開
できるということや，小・中学部段階における無理なく実践できるキャ
リア教育のポイントを示唆している。さらには学習指導要領に示す「主
体的・対話的で深い学び」や「カリキュラム・マネジメント」の必要性
や効果につながるものであることを示していると言える。

　たとえば，この生徒は生活単元学習で学び，身につけた「米をといで
ごはんを炊く」ための「知識・技能」を生かし，家庭での役割を通して
「思考・判断・表現」し，家族の役に立ち，感謝される経験を得るので
ある。そして国語の時間にこれまでの取り組みを振り返り，「詩を書く」
ことで，そして発表し仲間同士で対話することを通して改めて自身に
とっての「大切な時間」であることに気づくのである。このことは「主
体的に学習に取り組む態度」の現れとも言えるだろう。

　学校教育段階において，「学ぶこと」が役割の中心となる児童生徒に
とって，まずは学ぶことを通して「なりたい」「ありたい」と思えるよ
うになることや，「やってみよう」と思えるようになることが大切であ
る。このような彼らの「思い」や「願い」を大切にした，物事との向き
合い方に変化を促す教育が「キャリア教育」，すなわち「キャリア発達
を支援する教育」である。

　このようにキャリア概念の理解においては，具体的な児童生徒の姿や
ことば，教師自らの有り様を重ね合わせて捉え直すことが有効であり，
そこで感じたことについて言語化し，対話に努めていくことが必要であ
ると考える。

3．知的障害教育における「キャリア教育」の実践事例

（1）小学校知的障害特別支援学級における実践事例

①　児童の実態

　特別支援学級は異学年の児童が在籍し，実態もさまざまであるため，
一人ひとりの学びを大切にする工夫が求められる。本学級では一人ひと
りが「役割を果たす」ことを通して「認められる」喜びを味わうこと
や，体験的な活動を通して小学生なりに「働く」ことについて考えるこ
とを大切にしている。

② 単元「ゆうびんやさんのホネホネさんになろう」

　本単元は，西村あつこによる絵本「ゆうびんやさんのホネホネさん」（福音館書店）をベースに，国語の時間に読んだり，書いたりする学習を行い，図画工作の時間に物語の一場面を取り上げて絵を描き，ペープサートを作って劇遊びをしていく一連の学習活動である。そしてこの学習活動のメインは2日間限定の「校内郵便局」である。

　児童たちは，校内放送を通してドキドキしながら全校児童に校内郵便局を開局することを伝える。すると，1年生から6年生までの通常の学級に在籍する児童や教員から，239通もの手紙が集まる。児童たちは「大切な手紙」を「ていねい」に取り扱い，1枚ずつスタンプを押して学級ごとのボックスに仕分けていく。自閉スペクトラム症のある児童にとっても，わかりやすい繰り返しの活動であるため，見通しをもって取り組める。そして，仕分けた手紙をいよいよ「届ける」仕事を行う。

　本学級の児童たちはドキドキしながら，各学級を訪ね，宛名の友だちを探す。「お手紙です」と声をかけて手渡すと，相手から「ありがとう」ということばが返される。子どもたちは239回の「ありがとう」ということばを受け，「役割」を担うという責任感，「できた」という達成感に加え，「人の役に立つ」という喜びを体験するのである。このことは「教え込み」では得ることはできない。何よりも239回の「ありがとう」は，知識・技能だけではなく，児童それぞれに，キャリア発達といえる「内面の育ち」をもたらしたと捉えられる。

　その後，児童たちは，自分たちで実際に手紙を書いて投函する。実際には見ることが難しい投函したあとの「働く」を，校内郵便局の活動から彼らは学んでいるのである（図12−3）。

　本単元を通して本学級の児童の変化だけではなく，通常の学級の児童にとっても本学級の児童に対する「見方の変化」が生じ，通常の学級の

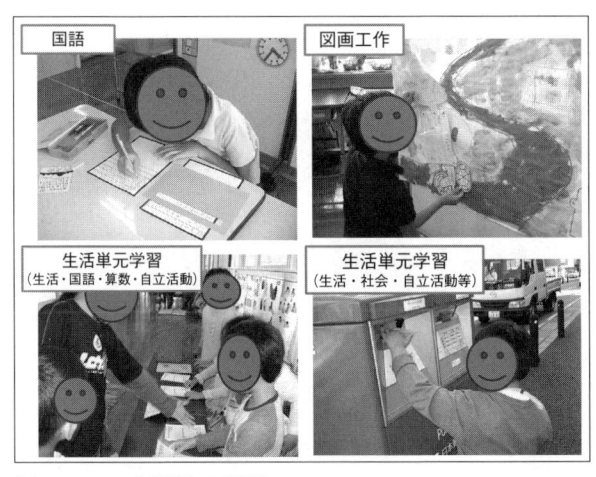

図 12-3　本単元の概要

教員にとっても，特別支援学級の教育活動に理解を示す契機となった。

（2）特別支援学校高等部における実践事例

　知的障害特別支援学校高等部では，生徒にとって卒業後の就労を見据え，働くことや暮らすことが学びにおける主要なテーマとなる。そのためキャリア教育は，ホームルーム活動を要としつつ，教育課程全体を通して取り組むものとされているものの，作業学習や職業に関する専門教科のほか，産業現場等における実習（以下，現場実習）といった職業教育の時数配当が増え，教育課程において重み付けられている。

　なお，現場実習については，長期にわたり学校での学びと産業現場での学びを往還的に繰り返す「デュアルシステム」を導入している特別支援学校も見られる。

①　地域協働活動

　これまで職業教育の一環として各地で進められてきた，地域のリソー

スを生かしたキャリア発達支援の取組の一つとして「地域協働活動」が挙げられる。地域協働活動では，地域の中で展開されるさまざまな活動において，児童生徒が「役割を担う」ことを通して「必要とされる実感」を得ることにより，自己有用感や自己肯定感を高めることが主なねらいとなる。また，ここでは児童生徒自身が地域から必要とされるよう，自分から動き出すこともねらいとなる。

　生徒たちは「陶芸」「喫茶サービス」「農作物の販売・調理」「読み聞かせ」「レクリエーション補助」など，これまで学んだことを生かし，幼児から高齢者までの多様な年齢層と関わっていく（図12−4）。障害のある・なしを越えた，多様な活動を通して，生徒たちはしなやかな心が育ち，対応力を高めていく。

図12−4　地域協働活動の実際

　地域協働活動では「支援する・される」関係とは異なり，活動を通して「共に必要とする」新しい関係が構築されていく。児童生徒は自尊感情のほか，主体性や社会性，コミュニケーション力を高め，自己決定する力を身につけていく。言い換えると働くために必要な力やよりよく生きるために必要な力を身につけていくのである。

　障害の有無や学校種，あるいは学校や地域といった場や年齢などの「違い」は障壁と捉えられがちであるが，むしろ接点を工夫し，双方にとっての「十分な教育」を目指すことにより，新たな価値の創造や融合を生み出すチャンスとなり得る。これらのことを地域協働活動の取り組みは示唆していると捉えられる。

　なお，地域協働活動は高等部だけではなく，小学部段階から児童生徒の実態に応じて無理なく創意工夫された多様な実践が各地で展開されており，効果を挙げてきている。

② **特別支援学校技能検定**

　職業教育の一層の充実を図る観点から，教育行政と特別支援学校が企業等の産業界との連携・協働により，新たな作業種目の指導方法や評価規準を開発し，生徒の検定にチャレンジする意欲や達成感を育むものとして「特別支援学校技能検定」（図12−5）が進められてきた。特別支援学校技能検定は，2007（平成19）年の東京都による「都立特別支援学校清掃技能検定」が始まりとされており，その後実施する自治体が年々増化し，学校単位で実施するものを含め，全国各地で取組が進められてきている。また，「清掃」「接客」「事務」「流通」「食品加工」等，多様な種目が導入され，年々充実が図られてきている。

　特別支援学校技能検定の意義としては，次の5点が挙げられる。

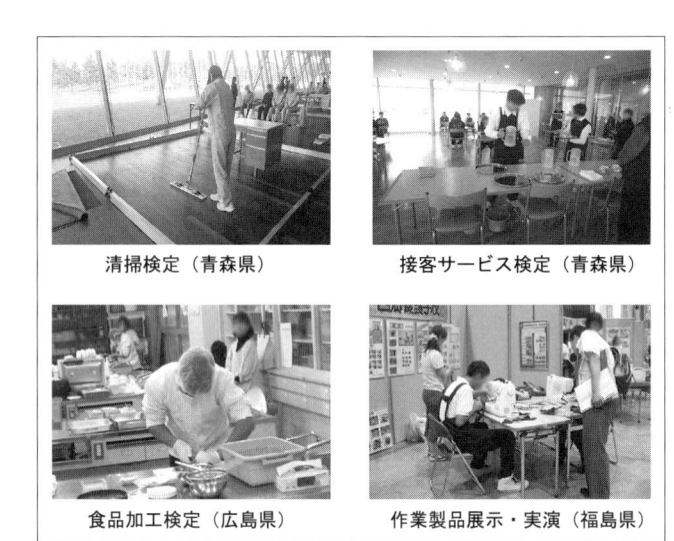

清掃検定（青森県）　　　　接客サービス検定（青森県）

食品加工検定（広島県）　　作業製品展示・実演（福島県）

図 12 - 5　特別支援学校技能検定

a．産業構造の変化に応じた職業教育の充実

b．生徒及び教員にとっての目標の明確化

c．学校を越えた学び合いによる生徒の意欲向上と自己理解の促進

d．授業及び教育課程の改善

e．企業等における障害者雇用に関する理解・啓発

　なお，近年は特別支援学校高等部生徒のアビリンピック（障害者技能競技大会）への参加が増えてきている。アビリンピックとは，障害者が日頃高めた技能を競い合い，職業能力の向上を図るもので，企業や社会に対する理解と認識を深めることによる雇用促進を目的に，主に成人を対象として行われてきている。

　アビリンピックと技能検定の主な違いは，「競技」と「検定」という点である。アビリンピックは参加者同士が競うものであり，相対評価として「順位」という形で結果がフィードバックされる。一方，技能検定

は評価規準に基づいて参加者個々の到達程度を評価し，絶対評価として「級」という形で結果がフィードバックされる。

③　キャリア発達の相互性

　地域協働活動や特別支援学校技能検定において着目したい成果として，第 1 には生徒が地域の誰かのために何かをし，手応えを感じたり，目標をもって何かにチャレンジしたりすることによる「働くこと」や「学ぶこと」に対する意欲の向上が挙げられる。そして第 2 にはその支援を通した，教員や企業等の関係者の意識の変容が挙げられる。このように地域協働活動や特別支援学校技能検定は，キャリア発達の「相互性」や「同時並行性」による，環境側のキャリア発達やキャリア開発にもつながるものと捉えられる。また，このことは共生社会の形成に向けた重要なポイントを示唆していると言える。

　なお，地域協働活動や技能検定はあくまでもキャリア発達を促す手段の一つであり，これらの取り組みそのものが目的化してしまわないように留意する必要がある。また，キャリア発達の視点を踏まえ，「何をしたか」（output）だけではなく，取り組んだ結果「何が変化したか」（outcome）について着目し，児童生徒一人ひとりを捉えていく必要がある。

4．今後のキャリア教育の一層の充実に向けて

（1）「キャリアデザイン」や「キャリア・パスポート」の活用による進路支援

①　本人が作成し活用する「キャリアデザイン」

　京都市総合支援学校職業学科や横浜市立若葉台特別支援学校等の一部の特別支援学校では，本人が作成に関わる個別の教育支援計画と個別の指導計画（以下，個別の諸計画）を「キャリアデザイン」と称し，取り組みを進めている。

　キャリアデザインは生徒たちにとっての最終的な目標である就労に向けて，学校での職業教育や各教科の学習を「なぜ・なんのため」学ぶのか，そのために「何を」「どのように」学ぶのかを意識化するとともに，自身の目標に向けてプランニングするものである。そしてキャリアデザインに基づく日々の取り組みを振り返り，自身の育ちを実感するとともに，対話を通して取り組みの結果やプロセスを価値付けたり，到達できていない部分について共同的に解決したりするためのツールにもなっている。

　実際のところ，学校現場では個別の諸計画の多くは金庫等で管理されており，児童生徒本人が普段手にとって目にすることが少ない状況にあると推察する。一方キャリアデザインは，生徒が主体となるため，教室等に掲示したり，ファイリングし手に取れるようにしたりするなどして，日々の学習活動を通して活用できるようにしている。たとえば生徒が課題にぶつかった時に，自身のキャリアデザインを再度確認したり，同様の課題を解決した先輩や友達のキャリアデザインを参考にして解決策を検討したりすることができる。

　また，キャリアデザインの活用によって，ホームルーム活動等において地域協働活動や現場実習等の体験の振り返りがなされ，対話が促進され，各教科等の授業での学びをつなぐことに寄与している。キャリアデザインは，まさに生徒が学びの主体であることを明確に示し，その意識化を図るものであると言える。

② **対話を通した気づきを促す「キャリア・パスポート」**

　本人参画という世界的潮流の中で，「キャリアデザイン」の取り組みのような個別の諸計画への本人の関与が期待されるところであるが，現状としては「個別の諸計画への本人参画は難しい」と捉えている知的障害特別支援学校が少なくない。そこで文部科学省（2019）が導入を進め

るキャリア・パスポートの活用が期待される。第10章「知的障害教育における自立活動」において解説したとおり，キャリア・パスポートは「学校，家庭及び地域における学習や生活の見通しを立て，学んだことを振り返りながら，新たな学習や生活への意欲につなげたり，将来の生き方を考えたりする活動を行う」際に活用する，児童生徒が「活動を記録し蓄積する」教材である。言い換えると，児童生徒一人ひとりが「なぜ・なんのため」「何を・どのように」学ぶのかを描き，実際に取り組み，そのことを振り返り，自身の学びや育ちを実感するための対話を促進するツールである。その効果的活用によって，これまで個別の諸計画で迫りきれなかった本人主体の取組をさらに進めていくことが期待される。

　なお，文部科学省によるQ&A（2020）では，「児童生徒の障害の状態や特性等により，児童生徒自らが活動を記録することが困難な場合などにおいては，『キャリア・パスポート』の目的に迫る観点から，児童生徒の障害の状態や特性及び心身の発達の段階等に応じた取組や適切な内容を個別の教育支援計画や個別の指導計画に記載することをもって『キャリア・パスポート』の活用に代えることも可能」としている。しかしながら，同時に「個別の教育支援計画や個別の指導計画が作成されていることのみをもって，『キャリア・パスポート』の活用に代えるということではなく，その内容が『キャリア・パスポート』の目的に沿っているかどうかが重要である」と示している。この点について十分に留意する必要がある。

（2）カリキュラム・マネジメントの充実

　キャリア教育の本質的意味は，「キャリア発達を促す」教育の充実である。その実現に向けて，教師自身が，そして学校が組織的に授業や教育課程を問い直し，改善・充実を図ることが必要である。そのため，

「教育課程を軸に学校教育の改善・充実の好循環を生み出す」カリキュラム・マネジメントの視点が重要なカギとなる。

　現行の学習指導要領が目指すゴールは「社会に開かれた教育課程」であり，教育課程全体を通して「資質・能力」の育成を図る観点から「主体的・対話的で深い学び」の視点を踏まえた授業等の改善が求められている。そしてその推進により，カリキュラム・マネジメントの充実を図ることが肝要となる。改めて図12−2に示した「私の大切な時間」の例示を踏まえ，各教科等を横断的につなぎ，児童生徒が学習を通して身につけた「知識・技能」を活用し，「思考・判断・表現」できるようにすること，さらには児童生徒が一連の学びを振り返り，対話を通してその意味に気づけるよう，各教科等の指導計画を工夫し，関連付けていくことが求められる。

　以上の取り組みは，学校教育を終えたあとの社会生活・職業生活に円滑に移行する上でも重要な意味をもつ。

　学校教育においては，教育課程を社会に開くとともに，企業への就労移行だけでなく，移行支援事業所，就労継続支援A型事業所，同B型事業所，障害者就業・生活支援センター等の就労支援機関との連携・協働に努めていくことも求められる。そのため，生徒本人を中心とした移行支援会議や，個別の諸計画，キャリア・パスポートの効果的活用を通した進路支援の充実による円滑な移行が望まれる。

（3）エージェンシーの育成とウェルビーイングの向上

　OECD（2019）によるLearning Compass 2030では，「知識，スキル，態度・価値といったコンピテンシーが一体化して絡み合い，さらに『より良い未来の創造に向けた変革を起こす力』を育成するために，『AARサイクル』を回しながら，個人のみならず社会の『ウェルビーイング』

を目指して学んでいくことが必要」であると指摘している。また，その原動力をエージェンシーとし，「変化を起こすために，自分で目標を設定し，振り返り，責任をもって行動する能力（the capacity to set a goal, reflect and act responsibly to effect change）」と定義している。

　改めてエージェンシーという視点から，キャリア教育及びキャリア発達の定義を捉え直すと，学びの主体は児童生徒であることを再認識するとともにコンピテンシーの育成を目指す上では，Teaching（教える）から多様性を踏まえた Learning（学ぶ）への転換が求められていることがわかる。また，児童生徒がさまざまな「役割」と向き合うことを通して，社会参加・社会参画の先にある社会変革意識の醸成につなげていく必要性を示唆していると捉えられる。「役割」と「社会」がつながっているということや多様な他者との関わりが影響を与えていくということを改めて重視したい。今後学校教育におけるキャリア発達支援は，その先にある「社会」を見据えた取組がより重視されていくであろう。

学習課題

1　自身のこれまでを振り返り「キャリア発達」したと思うエピソードについて考えてみよう。
2　知的障害のある児童生徒の姿から「キャリア発達」と捉えられる場面を取り上げ，本人の「思い」について考えてみよう。
3　キャリア発達を促すための場面設定や活動内容，支援方法について具体的に考えてみよう。

引用文献

1）中央教育審議会「今後のキャリア教育・職業教育の在り方について（答申）」2011

2）菊地一文「特別支援学校技能検定の意義とその指導において求められること　雇用の現場やコラボレーションから考えるキャリア発達支援」実践障害児教育 523，学研プラス．2016

3）菊地一文監修・全国特別支援学校知的障害教育校長会編著『知的障害教育における「学びをつなぐ」キャリアデザイン』ジアース教育新社．2021

4）菊地一文・藤川雅人・杉中拓央『特別支援学校（知的障害）におけるキャリア・パスポートの作成と活用に関する実態調査報告書』2022

5）菊地一文「これからのキャリア教育の一層の充実に向けて」これからの特別支援教育はどうあるべきか，全日本特別支援教育研究連盟編，東洋館出版社，pp. 76-83．2023

6）菊地一文「地域協働活動がもたらす教育的効果とキャリア発達の相互作用」全日本特別支援教育研究連盟編，特別支援教育研究797，東洋館出版社．2023

7）キャリア発達支援研究会「―多様な人が協働し，新たな価値を創造するキャリア教育―」キャリア発達支援研究9，ジアース教育新社．2023

8）キャリア発達支援研究会「新たな教育への展望を踏まえたキャリア教育の役割と推進」キャリア発達支援研究3，ジアース教育新社．2016

9）文部科学省『「キャリア・パスポート」Q&A について（令和4年3月改訂)』2020

10）文部科学省『「キャリア・パスポート」例示資料等について』2019

11）文部科学省『特別支援学校教育要領・特別支援学校学習指導要領　各教科等編』開隆堂出版．2018

12）文部科学省『特別支援学校教育要領・特別支援学校学習指導要領解説　総則等編（幼稚部・小学部・中学部)』開隆堂出版．2018

13）森脇勤『学校のカタチ「デュアルシステムとキャリア教育」』ジアース教育新社．2011

13 | 今日的な課題への対応（2）
─交流及び共同学習，ICT の活用

佐々木全

《**目標＆ポイント**》 今日的な課題として，交流及び共同学習と ICT の活用について学ぶ。これらは，いずれも今後の社会に適応し，豊かな共生社会を担う主体として児童生徒が生活することにつながる内容である。これらが何を目指し，どのように展開されているのかを理解する。
《**キーワード**》 交流及び共同学習，共生社会，ICT，情報活用能力

1. 知的障害教育における交流及び共同学習と ICT の活用

　本章では，知的障害教育に関わる今日的な課題として，二つのトピックを取り扱う。具体的には，交流及び共同学習と，ICT の活用について，それぞれの目的と実践上の留意点を述べ，実践例を紹介する。

　まず，交流及び共同学習である。これは，共生社会の基盤として，多様な他者や多様な価値観に対する理解の促進のために，従前から大切にされてきた学習活動であり，それは，現在においても，なお継続と発展の努力の途上にある。

　次に，ICT 活用についてである。そもそも ICT とは，情報通信技術（Information and Communication Technology）を指し示す略語であり，その活用は，加速する情報化社会にあって，流行の教育内容であるように見える。しかし，その実は，情報活用能力という不易の資質・能力の育成を目指すものであるとともに，障害のある児童生徒にとっては，学

習活動や生活活動を支える支援技術（AT：Assistive Technology）という側面を有する。

　いずれのトピックも，知的障害教育のみならず，教育全般として重要視される内容であるが，これらを教師がいかに理解し，実践するかが問われている。

2．交流及び共同学習

（1）交流及び共同学習による体験

　読者の皆さんは，ご自身が小学生あるいは中学生のころに，知的障害者と関わったことがあるだろうか。ある学生に尋ねたところ，「小学生のころ，同じ学校に特別支援学級があり，そこに在籍していた児童と休み時間に遊んだり，一部の授業で一緒に学んだりしたことがある」という。別の学生は，「中学生のころ，地域の特別支援学校から生徒を学校行事に招き，一緒に活動した」という。また，「高校生のころ，特別支援学校を訪問し，そこで一緒に作業学習や体育の授業を体験した」という。このような経験談に，ご自身の経験を重ね合わせる人は少なくないだろう。これらは，まさに交流及び共同学習の一場面だったといえよう。

　さて，そこでの体験は，皆さんにとってどのように意味付けされただろうか。また，どのような感情を抱いたものだったろうか。このような体験が，後の障害者に対する考え方に何かしらの影響をもたらすことがある。影響の強弱や好悪は各人に委ねられるものであるが，中には，「知的障害特別支援学校の教員を目指すという動機につながった」とか，「障害のある人に対する否定的な印象が払拭された」と振り返る学生に出会うこともある。

　一方で，皆さんと関わった相手，すなわち障害のある児童生徒にとっ

て，交流及び共同学習の体験はどのようなものであったろうか。相手の体験とその意味付けに関して思いをはせることもまた大切である。

　このような交流及び共同学習は，学校教育の中に組み込まれた学習活動であり，それは，皆さんの，あるいは学習者としての子どもたちにとって意義深い成果をもたらす可能性を有している。

（2）共生社会の実現のための一助としての交流及び共同学習

　交流及び共同学習は，そもそも共生社会を実現するための一助として推進されるものである。本質的には，障害の有無にかかわらず，誰もが相互に人格と個性を尊重し合えるための基盤的な学びとなるよう期待されている。このことの実践化のために各種法令等において，交流及び共同学習の実施は，教育の責務として示されている。具体的には，障害者基本法（第 16 条第 3 項）において「国及び地方公共団体は，障害者である児童及び生徒と障害者でない児童及び生徒との交流及び共同学習を積極的に進めることによつて，その相互理解を促進しなければならない。」とされている。

　また，現行の幼稚園教育要領，小学校，中学校，高等学校の学習指導要領（文部科学省，2017；2017；2017；2018）においては，「障害のある幼児児童生徒との交流及び共同学習の機会を設け，共に尊重し合いながら協働して生活していく態度を育むようにすること。」とされ，特別支援学校幼稚部教育要領，特別支援学校小学部・中学部，高等部の学習指導要領（文部科学省，2018；2018；2019）においても「障害のない幼児児童生徒との交流及び共同学習の機会を設け，共に尊重し合いながら協働して生活していく態度を育むようにすること。」とされている。これらのことを併せて考えると，交流及び共同学習においては，小学校の児童，中学校の生徒，そして高等学校の生徒の立場による「障害のある

児童生徒との交流及び共同学習」と，小学部の児童，中学部の生徒，そして高等部の生徒の立場による「障害のない児童生徒との交流及び共同学習」という「二つの立場」があることを意味する。すなわち，交流及び共同学習は，これら双方の立場それぞれから，その実践を考える必要がある。

（3） 交流及び共同学習の展開における留意点

　交流及び共同学習は，相互の触れ合いを通じて豊かな人間性を育むことを目的とする交流の側面と，教科等のねらいの達成を目的とする共同学習の側面があり，この「二つの側面」を分かちがたいものとして捉え，推進していく必要がある。

　この推進のために文部科学省は「交流及び共同学習ガイド」（文部科学省，2019）を示している。ここでは，交流及び共同学習の展開における留意点として，①関係者の共通理解，②体制の構築，③指導計画の作成，④活動の実施，⑤評価に関わる内容が示されている。これらは，交流及び共同学習が教育課程上に位置付けられた授業であることと，授業としてのねらいを明確にし，適切な評価を行うために，学校が組織的に実施していく必要性を示している，すなわち，これは，共同学習の側面についての確認内容である。

　併せて，「交流及び共同学習ガイド」では，「参考　障害のある子供の理解」として，10 の障害種別の配慮事項が示されている。このことは，障害のない子どもとその指導者に理解を促す内容となっている。この中に，知的障害に関する内容として，次の 5 点が示されている。①興味・関心をもつことのできる活動を工夫する。②言葉による指示だけでなく，絵や写真等を用いたり，モデルを示したりすることによって，子供たちが活動内容を理解しやすくする。③繰り返しできる活動にしたり，

活動の手順を少なくしたり，絵や写真等を用いて手順が分かりやすくなるようにしたりして，見通しをもちやすくする。④得意とする活動や普段の授業で学習していること，慣れている活動を行うようにして，自信をもって活躍できる場を多くする。⑤子供の行動の意味や心情，その背景等を必要に応じて適切に説明するなどして，子供同士が理解し合い友達になれるようにする。

　しかし，当然ながら，実際の交流及び共同学習において，障害のない子どもとその指導者が出会う知的障害のある子どもの姿は多様であり，上記の配慮事項もまた多様な変更調整を要する。むしろ，そのような変更調整を考える過程こそが，交流及び共同学習による相互理解の促進となるだろう。すなわち，これは，交流の側面についての確認内容である。

（4）交流及び共同学習の実践例

　実践例は，「交流及び共同学習ガイド」（文部科学省，2019）に詳しい。しかし，実践内容は，学校や地域の実情，さらには学習者の実態に応じて実に多様である。たとえば，特別支援学級に在籍する児童生徒が，通常の学級における授業に参加する場合もあるし，特別支援学校に在籍する幼児児童生徒が通常の学校の幼児児童生徒と交流する場合もある。ここでは，上記の（2）で指摘した「二つの立場」すなわち，「障害のない幼児児童生徒と障害のある幼児児童生徒」，上記（3）で指摘した「二つの側面」すなわち，交流の側面と共同学習の側面に触れながら，実践例を紹介する。

①　「音楽交流会」の計画

　X市立A小学校は，全校児童約180名が在籍し，各学年1学級の学校であり，特別支援学級は設置されていない。同市内に所在する，B特別

支援学校は，X市とその近隣の2市2町から通学する児童生徒約70名が在籍し，小学部と中学部はそれぞれ約20名，高等部は約30名の学校である。

　毎年度，A小学校の4学年児童約30名は，B特別支援学校小学部児童との交流及び共同学習を実施している。主たる活動は，相互に訪問し「音楽交流会」と称する活動を実施するものであった。6月には，A小学校児童がB特別支援学校を訪問し，11月にはB特別支援学校小学部児童がA小学校を訪問し，体育館を会場に活動した（以下では，訪問する側をゲスト，招待する側をホストと記す）。また，その事前や事後の活動として，招待状や礼状，メッセージ動画の交換がなされた。

　活動に先駆けて，年度初めには，B特別支援学校の教員が主導し，両校の担当教員が打ち合わせを実施した。ここでは，6月と11月の各活動回ではホストが活動を進行すること，活動内容として，第一に，両者がそれぞれ任意の曲の合唱または合奏を披露すること，第二に，ホストが予め定めた曲を，両者が一緒に合唱または合奏すること，第三に，ホストは，児童同士が交流するゲームを準備し実施することを定めた。

　活動における交流の側面と，共同学習の側面を考える上では，両校の学習活動の位置付けが明確にされる必要がある。両校では，「音楽交流会」を音楽の学習活動として位置付けることにした。また，招待状の作成，会場の装飾，ゲームの準備などの交流の側面については，特別活動に位置付けた。なお，B特別支援学校では，各教科等を合わせた指導である生活単元学習として計画した。

② 「音楽交流会」の実施

　11月半ばに予定された「音楽交流会」について，ゲストのB特別支援学校小学部の立場に着目して記す。B特別支援学校小学部は，10月の下旬に学校行事である学習発表会において劇と合奏を披露したが，こ

れを「音楽交流会」でも披露することにし，そのことをＡ小学校からの招待状に対する動画メッセージにて伝えた。また，両者が一緒に合唱または合奏する曲は，6 月の「音楽交流会」で実施した曲を継続することにした。この曲は，さながら「音楽交流会」のテーマソングとなった。児童同士が交流するゲームは，Ａ小学校児童が発案したボールをリレーする内容であることが動画メッセージで伝えられた。これについては，体育の種目に取り入れ，繰り返し取り組んだ。

　「音楽交流会」の当日には，終始和やかに活動が進んだ。Ｂ特別支援学校小学部児童は堂々たる発表をし，児童同士が交流するゲームで，Ａ小学校児童をリーダーとするチームに分かれ，和気藹々とゲームの展開を楽しんだ。

　Ｂ特別支援学校小学部児童にとっては，毎年度繰り返し経験している活動であることや，6 月の「音楽交流会」にてＡ小学校 4 学年児童との出会いもあったこと，自分たちの力を発揮しやすい活動内容であったことが奏功したものと察せられた。

（5）小括

　繰り返すが，交流及び共同学習の実践は多様である。上記の事例は，小学校と特別支援学校小学部という学校間での実践であり，年数回という行事としての非日常的な取り組みであった。一方で，同じ学校内での交流及び共同学習が日常的に実施されることもある。たとえば，特別支援学級と通常の学級が学校行事や授業を共にすることもある。これは，頻回な学習活動として極めて日常的な取り組みである。また，特別支援学校の交流及び共同学習では，学校祭や作業製品販売会のようなその「地域との交流」，さらに近年では特別支援学校の児童生徒の居住学区にある小学校や中学校と当該児童生徒が交流する通称「居住地校交流」が

活発に展開されるようになってきている。

　いずれにしても交流及び共同学習においては，双方の児童生徒にとって，学校生活上の必要性と必然性のある活動として実施されるという確かな意味付けのある活動，すなわち，単に「招き―招かれる」ではなく双方が主体的に活動できる状況づくりが重要であろう。

3．ICT の活用

（1）ICT を用いた学習及び生活

　読者の皆さんは，ICT を用いた学習をどの程度経験しているだろうか。この問いに対する応答は，年代によって異なるだろう。なぜならば，ICT の活用は，極めて現代的なテーマだからである。筆者が学齢期だったころには，児童生徒が使用できる PC は学校に備え付けられていなかった。少し前までは，学校の PC ルームに備え付けられているデスクトップのパソコンで調べ学習をし，プリントアウトした紙媒体の資料を切り貼りし，提出する課題を整えて，物理的に提出していたかもしれない。

　しかし，2019 年に開始された GIGA スクール構想によって，学校において通信環境や児童生徒一人ひとりが使用する端末の整備が進み，授業中，タブレット端末を学習ノートとして用いたり，タブレットの画面上で調べ学習をし，成果物をまとめ，発表したり，課題を提出したりすることが普及している。場合によっては，自宅からオンラインで授業に参加したり，遠隔の学校の児童生徒とオンラインで一緒に授業をしたりすることもあるだろう。

　このように，学校教育において ICT の活用が加速的に進む背景には，私たちの日常生活におけるタブレットやスマートフォンの普及，ならびに，それらを用いた情報収集やコミュニケーション，家電の操作や電子

決済などの普及がある。

　ICT の活用は，学習や生活を円滑に，そして，発展的に進める上での道具としての価値がある。同時に，ICT が生活必需品として浸透する現代にあっては，生活の道具としての価値もある。なお，ICT の利便性は，その反面としての危険性も内包するため，情報モラルが教育内容として重要視される。

　いずれ，ICT の活用は，現代を生きる上で，必要不可欠な学習方法であり，学習内容といえる。つまり，ICT の活用は，それ自体を学ぶという側面と，それを用いて学ぶ側面がある。適切な使いこなしと，生活の豊かさにつながる使いこなしが求められる。

（2）情報活用能力育成のための ICT

　ICT の活用は，情報活用能力の育成のための手立てとして推進されるものである。現行の小学校，中学校，高等学校及び特別支援学校の学習指導要領において，情報活用能力とは，「世の中の様々な事象を情報とその結び付きとして捉え，情報及び情報技術を適切かつ効果的に活用して，問題を発見・解決したり自分の考えを形成したりしていくために必要な資質・能力」とされている。すなわち，学習の基盤として育まれ活用される資質・能力であり，教科等横断的な視点から育成されることが期待される。このために，「各学校において，コンピュータや情報通信ネットワークなどの情報手段を活用するために必要な環境を整え，これらを適切に活用した学習活動の充実を図ること」が求められる。このことの結果として，社会生活場面において，加速的に ICT が普及している現代では，児童生徒の学習や日常生活の充実につながるであろう。しかし，単に授業に ICT を導入することが，情報活用能力の育成や，学習や日常生活の充実に直結するわけではない。あくまでも，ICT 活用をしつ

つ育成すべき資質・能力を見据えた上での指導の工夫が必要である。

（3）知的障害のある児童生徒に対する ICT 活用

　解説各教科等編の，「知的障害者のある児童生徒の学習上の特性等」において，「近年では，タブレット端末等の情報機器等を有効に活用することにより，児童生徒のもつ能力や可能性が更に引き出され，様々に学習活動が発展し，豊かな進路選択の可能性が広がることで，自立と社会参加が促進されていくことなどがある。」とされている。

　このことを基盤としつつ，『特別支援教育における ICT の活用について』（文部科学省，2020）では，知的障害のある児童生徒の ICT 活用が，二つの側面から重要視されている。一つの側面は，情報活用能力の育成のための活用であり，これは上記した教育一般に通じる内容である。

　もう一つの側面は，障害による学習上又は生活上の困難さを改善克服するための活用である。このことは，特別支援教育全般に通じる内容であり，自立活動の視点である。そもそも，ICT には，人間の機能を代替したり，拡張したりする機能があり，これをもって学習上又は生活上の困難さを改善克服するための支援の手立てとするわけである。

（4）ICT 活用の実践例

　実践例は，『教育の情報化に関する手引き―追補版―（令和 2 年 6 月）』（文部科学省，2020）に詳しい。しかし，実践内容は，学校や地域の実情，さらには学習者の実態に応じて実に多様である。ここでは，上記（3）で指摘した「二つの視点」すなわち，「教科指導の効果を高めたり，情報活用能力の育成を図ったりするために ICT を活用する視点」と，「障害による学習上又は生活上の困難さを改善・克服するために ICT を活用する視点」が示されている。ここでは，それぞれの視点に触れな

がら，実践例を紹介する。

①　校外学習の計画

　Y県立C特別支援学校中学部の2学年は，24名が在籍し，3学級から編制されている。7月半ばには，校外学習が予定されていたが，そこでの活動内容は，各学級の生徒の提案内容の発表とそれに対する投票をもって定めることにした。

　各学級内には，「山」「街」「海」のテーマが抽選で割り振られ，それに即した調べ学習と，発表準備が進められた。「山」をテーマとした1組では，インターネットを用いて，皆が楽しめそうなアクティビティ，地図や交通手段，経費等の情報収集をした。ここでは，キーボードでの文字入力にとらわれず，生徒によっては，音声入力を用い検索を行った。また，日程計画については，活動時間を入力すると，グラフとして可視化されるようなアプリケーションを用いた。これによって，1日の活動時間の総和に過不足がないか，無理や無駄がないかを確認しあった。

　その上で，発表準備として，プレゼンテーションのソフトを用いて，テキストデータや画像データを組み合わせて，発表資料を作成した。発表を担当する生徒の一人は，読み上げソフトを用いて，スピーチした。

　各学級の発表を視聴し合ったあとには，24名の生徒一人ひとりによる電子投票がなされた。これは，Webアンケート作成ツールを用いた簡単な仕組みによるものであった。投票の過程や結果が棒グラフとして視覚的に表示されるようにした。この経過は，進行役の生徒によって「実況」され，一票の変動に対して，場が大いに盛り上がった。

　結果として，2年1組が提案したプランが校外学習の計画として採択され，発表資料の体裁を整えたものが「旅行のしおり」として，生徒一人ひとりに電子データで配布された。生徒は，各自のタブレット端末にてダウンロードしこれを活用した。

② 「校外学習」の実施

　出発前日には，タブレット端末で「旅行のしおり」を開き，携行品のチェックを行った。ここでは，画面上に表示された携行品リストのチェックボックスをタップする仕組みが準備されていた。また，旅行中の撮影に関するマナーについての学習がなされた。

　当日には，生徒一人ひとりが思い思いにタブレット端末のカメラ機能を用いて活動の様子や風景が撮影された。また，トレッキングの場面では，歩行の速度に応じた活動グループが編制され，地図アプリを用いてそれぞれに楽しめる経路を確認し取り組んだ。木の実や枝を用いた制作活動では，専用のアプリを用いて，自分の作品を360度回転させながら撮影し，3Dの映像としてタブレット端末に保存した。

　また，各活動場面で関わる事業者とのやりとりの場面においては，生徒によっては，発語の代替として，タブレット端末で音声読み上げソフトを起動させて意思表示した。

③　事後学習

　事後学習では，生徒一人ひとりが，自ら撮影した画像や仲間同士で共有した画像をつなぎ合わせた校外学習の思い出をスライドショーとして作成し，相互に鑑賞した。これらは，電子データとして控えられ，生徒一人ひとりの学習履歴としてアーカイブされた。最後に，テレビ会議システムを用いて，校外学習において関わった事業者に謝意を伝えるメッセージを送った。

（5）小括

　ICTの活用においては，機器の使用自体が教育の目的ではない。児童生徒の情報活用能力の育成と，機器の使用によって生活が豊かになることこそ重要である。特に，知的障害教育にあっては，本実践の「校外学

習」に象徴されるように，児童生徒の実生活の明確な目標の実現に向けた活動という，生活上の必要性と必然性のある機器の選定と使用に支えられた ICT 活用が求められるであろう。

注釈　本章に記載の事例は，実際の取り組みを参照し再構成した架空のものである。

学習課題

1．交流及び共同学習における実践例について，『交流及び共同学習ガイド』などの資料から探究してみよう。その上で，「二つの立場」「二つの側面」から実践内容の意義を考えてみよう。
2．ICT の活用における実践例について，『教育の情報化の手引き—追補版—（令和 2 年 6 月）』などの資料から探究してみよう。その上で，「二つの視点」から実践内容の意義を考えてみよう。

引用文献

文部科学省『交流及び共同学習ガイド（2019 年 3 月改訂）』2019
　　https://www.mext.go.jp/a_menu/shotou/tokubetu/__icsFiles/afieldfile/2019/04/11/1413898_01.pdf（2023.3.28 参照）
心のバリアフリー学習推進会議『学校における交流および共同学習の推進について〜「心のバリアフリー」の実現に向けて〜』2018
　　https://www.mext.go.jp/a_menu/shotou/tokubetu/material/__icsFiles/afieldfile/2018/03/14/1401341_2.pdf（2023.3.28 参照）
文部科学省『特別支援教育における ICT の活用について』2020

196

　　https : / / www.mext.go.jp / content / 20200911-mxt_jogai01-000009772_18.pdf
　　（2023.3.28 参照）
文部科学省『教育の情報化に関する手引き―追補版―（令和 2 年 6 月）』2020
　　https : / / www.mext.go.jp / a_menu / shotou / zyouhou / detail / mext_00117.html
　　（2023.3.28 参照）
文部科学省『幼稚園教育要領』フーベル館. 2017
文部科学省『小学校学習指導要領』東洋館出版. 2017
文部科学省『中学校学習指導要領』東山書房. 2017
文部科学省『高等学校学習指導要領』東山書房. 2018
文部科学省『特別支援学校高等部学習指導要領』海文堂出版. 2019
文部科学省『特別支援学校学習指導要領解説　各教科等編（小学部・中学部）』開
　　隆堂出版. 2018
文部科学省『特別支援学校幼稚部教育要領　小学部・中学部学習指導要領』海文堂
　　出版. 2018
文部科学省『特別支援学校学習指導要領解説　知的障害者教科等編（上）（高等部）』
　　ジアース教育新社. 2019

14 | 今日的な課題への対応（3）
―家庭や関係機関との連携と 個別の教育支援計画

佐々木全

《**目標＆ポイント**》 今日的な課題として，家庭や関係機関との連携と個別の
教育支援計画について学ぶ。知的障害のある児童生徒の教育は幼児期から卒
業後までを見据えて，学校生活を中心に家庭生活，地域生活の充実も意図さ
れる。そのため，それを支える家庭や関係機関と学校との連携が大切になる。
これを実務的に支えるツールである「個別の教育支援計画」の意義や運用に
ついて理解する。
《**キーワード**》 家庭，関係機関，連携，個別の教育支援計画

1. 個別の教育支援計画の必要性

　本章では，知的障害教育に関わる今日的な課題として，個別の教育支
援計画を取り扱う。この作成の目的と内容，活用上の留意点並びに期待
される機能を述べ，実践例を紹介する。

　さて，知的障害教育は，第4章と5章で詳述したように，知的障害の
ある児童生徒の学習上の特性に応じた独自の教育内容及び指導形態を備
えている。これは，児童生徒の自立と社会参加を目標に，実社会あるい
は実生活で「生きる力」を育むために「実際の生活」を大切にする教育
を展開している。

　しかし，学校教育だけで子どもの実際の生活を支えていくことはでき
ない。そもそも学校教育は，就学前と卒業後の間に位置する限定的な期

間である。当然ながら，就学前の幼児期の育ちを踏まえて，児童生徒の姿を理解し支援することが必要であり，児童生徒の育ちを卒業後の生活の場や，そこでの支援者に引き継ぐことが必要である。また，学校教育の期間内においても，「小学校から中学校へ」などという移行に際しては，同様の引継ぎが必要である。このことは，いわゆる「切れ目の無い支援」の実現にほかならない。

　また，学校教育の「今」を考えてみても，学校生活の前後には，家庭での生活や放課後・休日の生活場面がある。また，平常時だけではなく，緊急時（たとえば，子ども自身や家族が疾病や怪我を負った時，災害に見舞われた時など）の生活場面がある。いずれの生活場面においても，家庭や関係機関（たとえば，放課後等デイサービスのような福祉機関，医療機関など）の関与がある。ここでは，学校教育と他の分野，専門機関との連携をよりよく実現する努力が必要であり，そのためのツールが個別の教育支援計画である。

2．個別の教育支援計画の概要

　2003（平成 15）年度から実施された障害者基本計画では，教育，医療，福祉，労働等の関係機関が連携・協力を図り，障害のある人に対して生涯にわたる継続的な支援体制を整え，各年代で望ましい成長を促すために「個別の支援計画」を作成することが示された。この個別の支援計画については，障害のある人が学校に在籍する期間にあっては，それを学校が中心となって作成することになる。これが「個別の教育支援計画」である。このイメージを図 14−1 に示した。

　個別の教育支援計画は，長期的な展望のもとで，一貫した支援を行うことを目指して作成され，毎年度更新され活用される。これは，児童生徒にとっての「今」の見える化である。

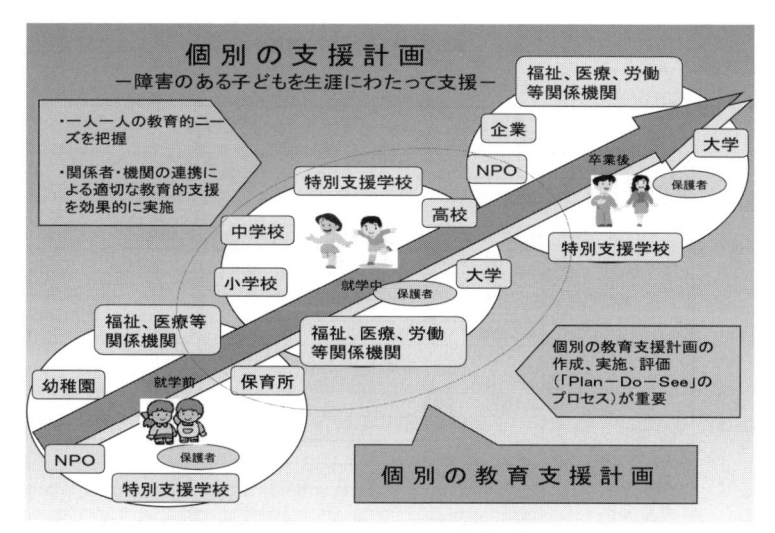

図 14 - 1　個別の支援計画と個別の教育支援計画のイメージ
（独立行政法人国立特別支援教育総合研究所，2006）

　また，「今」が，そもそも長期的な展望のもとに記録され引き継がれることで個別の教育支援計画は蓄積される。これは，積み重ねられてきた「今」の可視化といえる。つまり，その時点での積み重ねられた記録の総体こそが個別の教育支援計画の実態といえる。

　2021（令和3）年6月30日に文部科学省が発出した文書「個別の教育支援計画の参考様式について」にて，個別の教育支援計画の参考様式【プロフィールシート】と【支援シート（本年度の具体的な支援内容等）】が示された。これらをそれぞれ図14-2～3に示した。なお，これらは，各教育委員会や各学校がすでに作成し活用している様式の使用を妨げるものではないとされる。実際，すでに各教育委員会や各学校の多くでは，独自の様式等が開発され運用している。

個別の教育支援計画の参考様式

【プロフィールシート】（記入例）

1．本人に関する情報

①氏名	フリガナ	モンカ　タロウ		②性別	男	③生年月日	平成26年5月5日
		文科　　太郎					
④園・学校名		○○市立A小学校				⑤学年・組	1年1組
⑥学校長名		□山　△美					
⑦学びの場		☑　通常の学級					
		☑　通級による指導（自校・他校・巡回）　障害種別：発達障害					
		□　特別支援学級　　　障害種別：					
		□　特別支援学校　　　障害種別					

⑧障害の状態等	主障害		他の障害	
	診断名			
	手帳の		手帳（　年　月交付）　等級	
	取得状況		手帳（　年　月交付）　等級	

⑨教育歴 （在籍年月日）	幼稚園等	園名：	（○年○月○日～○年○月○日）
	小学校段階	学校名：	（○年○月○日～○年○月○日）
		学校名：	（○年○月○日～○年○月○日）
	中学校段階	学校名：	（○年○月○日～○年○月○日）
		学校名：	（○年○月○日～○年○月○日）
	高等学校段階	学校名：	（○年○月○日～○年○月○日）
		学校名	（○年○月○日～○年○月○日）

⑩検査	検査名		検査名			備考
	実施機関		実施機関			
	実施日		実施日			
	結果		結果			
	資料	□有　　□無	資料	□有	□無	

2．家庭に関する情報

①住所	〒×××－▲▲▽▽		②保護者		
	○○市緑ヶ丘1－2－3				
③連絡先	☎090－×××－▲▲▲▲　　（　　）		✉		（　　）
	☎　　　　　　　　　　　　（　　）		✉		（　　）
④備考					

3．関係機関に関する情報

①支援を受けた日（期間）	②機関名	③担当者名	④主な支援・助言内容等
R2．7．1～R3．3．31	緑ヶ丘児童発達支援センター	×○	・・・・

4．備考

図14-2　個別の教育支援計画の参考様式【プロフィールシート】
（文部科学省，2021）

個別の教育支援計画の参考様式

【**支援シート（本年度の具体的な支援内容等）**】（記入例）

1．本人に関する情報

①氏名

（フリガナ）　モンカ　タロウ
文科　太郎

②学年・組

1年1組

③担当者

担任	通級指導教室担当	特別支援教育 コーディネーター		
○○○○	●●●●	□□□□		

※　本計画の作成（Plan）・実施（Do）・評価（Check）・改善（Action）にかかわる全ての者を記入すること。

④願い

本人の願い	・本を上手に読めるようになりたい。　　　　（R3.4.30） ・落ち着いた気持ちで、学習に参加したい。　（R3.4.30）
保護者の願い	・音読に自信をもって取り組んでほしい。　（R3.4.30）

⑤主な実態

学校・家庭 でのようす	得意なこと 好きなこと	・習い事（体操）には休まず通っている。　（家庭） ・絵本の読み聞かせが好き。　（家庭） ・友達との関係は良好で、休み時間には一緒に遊んでいる。　（学校）
	苦手なこと	・文字だけの本は読みたがらない。　（家庭） ・音読では、文節を意識しないで読むことが多い。　（学校） ・文章を読んで理解することが苦手である。　（学校） ・音読や文章題の宿題に時間がかかる。　（家庭）

※「苦手なこと」の欄には、学校生活、家庭生活で、特に支障をきたしている状況を記入すること。

2．支援の方向性

①	支援の目標	・単語や文節を意識しながら音読するような方法を身に付けることができる。

②	合理的配慮を含む支援の内容
①-1-2	学習内容の変更・調整
	・読む量を減らし、本人の負担にならない程度の量に調整する。
①-2-1	情報・コミュニケーション及び教材の配慮
	・単語や文節のまとまりが分かりやすいように補助線や区切り線を引かせる。
②-1	専門性のある指導体制の整備
	・通級指導教室と連携し、視覚認知能力を高める指導の充実を図る。

※　（上段：青枠）必要な合理的配慮の観点等を記入、選択すること。

　　（下段：白枠）上段の観点等に沿って合理的配慮を含む支援の内容を個別具体に記入すること。

③	支援の目標に 対する関係機 関等との連携	関係機関名	支援の内容
		□□病院作業療法（担当＊＊OT：月2回）	ビジョンセラピー（眼だけで追視する訓練）
		放課後等デイサービス（担当＊＊指導員：月～金放課後）	読書（合理的配慮①-2-1）

図14-3①　個別の教育支援計画の参考様式【支援シート（本年度の具体的な支援内容等）】

（文部科学省，2021）

3．評価

①	支援の目標の評価	・音読の前に、自分から補助線や区切り線を引き、それらを手がかりに音読に自信をつけている。 ・学校の取組を保護者に伝え、家庭でも同様の方法で音読することを認めてもらうことで、保護者の称賛もあり、自信につながっている。（R4.3.1）
②	合理的配慮を含む支援の内容の評価	【①−1−2】は、引き続き、同様の合理的配慮が必要である。 【①−2−1】は、本人に定着し、音読課題は見られず、合理的配慮としては必要なくなった。 【②−1】は、引き続き、学年が上がり、複雑な画数による新出漢字への対応から、通級指導教室と連携した指導は必要である。（R4.3.1）

※年度途中に評価する場合も有り得るので、その都度、評価の年月日と結果を記入すること。

4．引継ぎ事項（進級、進学、転校）

①	本人の願い	・落ち着いた気持ちで、学習活動に参加したい。
②	保護者の願い	・物事に最後まで取り組んでほしい。 ・通級指導教室は継続して利用したい。
③	支援の目標	・漢字に関しては、2年生においても同様の支援目標が必要である。 ・本人・保護者の願いにもあるが、長い時間集中することが苦手であるため、2年生における支援の目標としたい。
④	合理的配慮を含む支援の内容	①−1−2、②−1は、引き続き、必要であると思われる。
⑤	支援の目標に対する関係機関等との連携	・ビジョンセラピーについては引き続き取り組みを続ける必要がある。 ・学校における合理的配慮と連携して取り組みを進める必要がある。

5．備考（特に配慮すべき点など）

・保護者は、新しい生活と学習への適応状況について強い不安を抱きやすいので、学校での様子は、定期的に連絡し、伝えるようにする。

6．確認欄

このシートの情報を支援関係者と共有することに同意します。
　　　年　　月　　日
保護者氏名

このシートの情報を進学先等に引き継ぐことに同意します。
　　　年　　月　　日
保護者氏名

図14-3②　個別の教育支援計画の参考様式【支援シート（本年度の具体的な支援内容等）】
（文部科学省，2021）

（1）個別の教育支援計画の参考様式【プロフィールシート】

　【プロフィールシート】では，対象児童生徒の基礎情報が一覧整理することが意図されている。これは，在学期間中，随時更新しながら使用される。

　記載事項として「1．本人に関する情報」「2．家庭に関する情報」「3．関係機関に関する情報」「4．備考」が記される。「1．本人に関する情報」の内容は，①氏名，②性別，③生年月日，④園・学校名，⑤学年・組，⑥学校長名，⑦学びの場，⑧障害の状態等，⑨教育暦（在籍年月日），⑩検査，である。「2．家庭に関する情報」の内容は，①住所，②保護者，③連絡先，④備考，である。「3．関係機関に関する情報」では，①支援を受けた日（期間），②機関名，③担当者名，④主な支援・助言内容等，である。

（2）個別の教育支援計画の参考様式【支援シート（本年度の具体的な支援内容等）】

　【支援シート（本年度の具体的な支援内容等）】では，年度ごとに家庭や関係機関が対象児童生徒に対する支援目標を共有し，そのために各立場で実施する支援の内容を整理することを促進することが意図されている。

　記載事項として「1．本人に関する情報」「2．支援の方向性」「3．評価」「4．引継ぎ事項（進級，進学，転校）」「5．備考」「6．確認欄」が記される。「1．本人に関する情報」の内容は，①氏名，②学年・組，③担当者，④願い，⑤主な実態，である。「2．支援の方向性」の内容は，①支援の目標，②合理的配慮を含む支援の内容，③支援の目標に対する関係機関等との連携，である。「3．評価」の内容は，①支援の目標の評価，②合理的配慮を含む支援の内容の評価，である。

　以上の内容は「4．引継ぎ事項（進級，進学，転校）」「5．備考」において要約あるいは焦点化される。また，個別の教育支援計画の内容を関係者間で共有する上では，個人情報保護の観点から，「6．確認欄」において，保護者の同意を得たことが明記されることが必要である。

3．個別の教育支援計画の作成及び活用事例

　個別の教育支援計画の作成及び活用の実践例は，日々生み出されているといってよい。全国各地で，対象となる児童生徒一人ひとりに対して作成されているためである。その中では，典型的な事例があるとともに，個別具体的にアレンジされた発展的な事例もあるだろう。ここでは，その両者を紹介する。

（1）引継ぎにおける個別の教育支援計画の活用事例

　Aさんは，現在知的障害特別支援学校高等部1学年の男性である。軽度の知的障害とてんかんがある。小学校と中学校の特別支援学級を経て現在の特別支援学校高等部に入学した。入学に先だって，直前の春休み中に，中学校の特別支援学級の担任が高等部を訪れ，引継ぎがなされた。このときにAさんの個別の教育支援計画が高等部に提供された。これは，1冊のファイルにまとめられており，小学校で作成されたものの上に，中学校で作成された【プロフィールシート】と，【支援シート（本年度の具体的な支援内容等）】が綴じ込まれていた。

　中学校で作成された【プロフィールシート】は1枚であり，中学校の3年間で随時加筆修正された事項が追記，見え消しの状態で記されていた。「3．関係機関に関する情報」では，中学校2学年のころから通院があり，この時期に見られ始めたてんかんに関わるものであり，服薬管理が継続されていることが記されていた。また，放課後には，学校から直

接帰宅せず，日替わりで2か所の放課後等デイサービスの利用があることが記されていた。

　【支援シート（本年度の具体的な支援内容等）】は毎年度作成されたもの3枚であり，最新版にあたる3学年で作成されたものの内容として，「1. 本人に関する情報」には，「苦手なこと」として，Aさんが不測の事態や不慣れな場面に対する不安が強いことが記されていた。

　「2. 支援の方向性」において，「①支援の目標」として「公共交通機関（路線バス）の利用」があり，「③支援の目標に対する関係機関等との連携」として次の内容が記されていた。「学校では，登下校時あるいは校外学習などの機会を用いて，バス利用時に必要な，時計や運行時刻表の読み取り，支払い方法，緊急時における携帯電話を用いた連絡方法の学習」「放課後等デイサービスでは，活動中の時計の読み取り等関係する活動機会の提供」「医療機関では，てんかん発作を予防する服薬管理，及び家庭に対する発作に対する対応と不安の緩和に資する心理的ケア」「家庭では，休日や登校時におけるバス利用経験の確保やその見守り」などがあった。

　「3. 評価」においては，上記の取り組みが奏功し，Aさんが通学におけるバス利用について，保護者等支援者が離れて見守る状況下で，概ね自立的に取り組めるようになった旨が記されていた。高等部入学後には，単独，自力での通学を開始する予定であるとされた。「4. 引継ぎ事項（進級，進学，転校）」における内容として，「公共交通機関（路線バス）の利用」が継続的に記されていた。バス利用について，不測の事態や不慣れな場面に対する不安に配慮しつつ，徐々に慣れ，覚えていくような中長期的な取り組みとすることが配慮すべき点として付記されていた。

　このことを受けて，高等部では，Aさんの学級担任と，登下校指導を

所掌する生徒指導担当の教員が上記の内容を共有し，家庭や放課後等デイサービスとの役割分担を含めた支援体制を検討することにした。

（2）避難所利用に備えた個別の教育支援計画の活用

　Bさんは，現在知的障害特別支援学校中学部1学年の女性である。重度の知的障害と自閉スペクトラム障害がある。小学部から現在の中学部に入学した。Bさんの個別の教育支援計画は，1冊のファイルにまとめられており，小学部で作成されたものの上に，中学部で作成した【プロフィールシート】と，【支援シート（本年度の具体的な支援内容等）】が綴じ込まれていた。

　さて，近年，この特別支援学校では，新たな連携の必要性が検討されはじめた。それは，災害時の避難所利用のための連携である。この特別支援学校の所在地は，近年地震による大きな被害に見舞われた地域であり，発災当時から，障害者が避難行動や避難所での生活に苦慮したことに対する課題意識があった。このことへの対策として，この地域の自治体の避難所担当者や避難所運営者と保護者と担任が，予めBさんの情報を共有することを試みることにした。これに際しては，当然ながら個別の教育支援計画が使用されることになった。ここでの個別の教育支援計画活用イメージを図14−4に示した。

　このために，個別の教育支援計画の様式に次の内容項目を追記した。【プロフィールシート】では，「4．備考」欄を改変し，「4．災害時の対応」「5．備考」とした。「4．災害時の対応」では，「発災直後の引き渡し」「利用する避難所」「避難所生活において想定される配慮事項」が小項目として設定され，それぞれの内容が協議され，以下のようにまとめられた。

　「発災直後の引き渡し」については，母親または祖父（近所に在住）

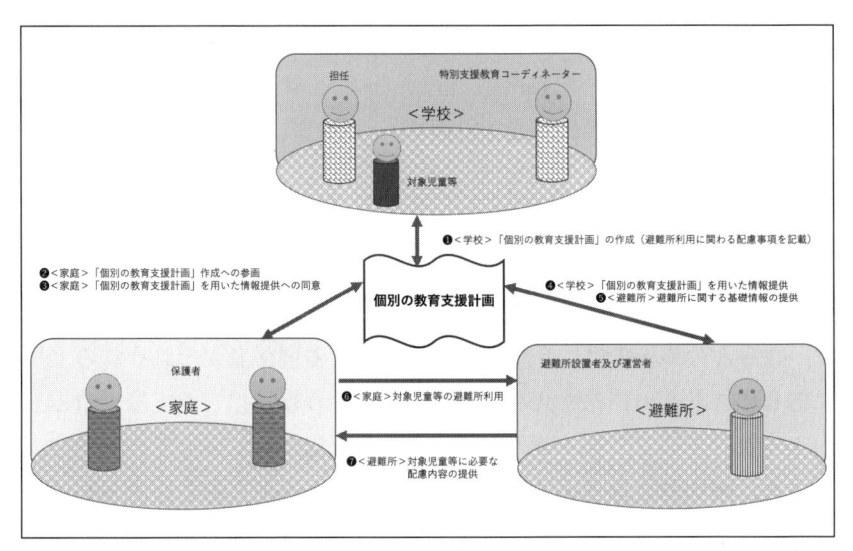

図 14 - 4　個別の教育支援計画の活用モデル（熊谷・菅原・佐々木, 2022）

とされた。「利用する避難所」については，居住地域にあるコミュニティセンターとされた。「避難所生活において想定される配慮事項」として，まずは，避難所生活に備えて持参する物資が挙げられた。具体的には，着替えや常備薬などに加え，Ｂさんの情緒の安定に欠かせないというアルバム，コミュニケーションの手段として用いている写真カード，生活騒音に対する過敏さをやわらげるために必要な耳栓が記載された。また，避難所利用に際して不安が軽減されるように，場所や間取りについて，「事前に確認すること」「不慣れな場所だとトイレを使用できなくなるのでトイレをあらかじめ確認すること，あるいは簡易のトイレの使用に慣れておくこと」「人混みから距離を置き，家族またはＢさんにとって信頼できる支援者がそばにいること」などが記載された。

　これらをもって関係者が情報を共有し，災害に対する備えとした。なお，この協議の過程では，保護者からは，「周囲の避難所利用者に対し

て行うＢさんの紹介あるいは説明のあり方」「福祉避難所の利用希望」
が話された。さらに，避難所担当者からは，「自治体が準備している個
別の避難計画と個別の教育支援計画の一体的な作成と活用」が提言され
た。

（3）小括

　個別の教育支援計画は，活用されるごとに内容が蓄積される。たとえ
ば，Ａさんの事例では，今現在の生活を支える関係者がそれぞれの立場
に応じてＡさんの情報を共有したが，このような連携した実績は積み上
がり，次のライフステージの支援者にも引き継がれていくものである。

　また，個別の教育支援計画は，新たな連携の必要に応じた内容が開発
されることもある。たとえば，Ｂさんの事例では，新たな生活のニーズ
として，非常事態下における備えに応えようとする新たな取り組みが創
出された。

　つまり，個別の教育支援計画は，固定的な情報を収める器ではなく，
その活用の過程で，蓄積，発展する情報を更新しつつ収める器であると
いえる。

　なお，個別の教育支援計画は，個人情報を取り扱うものである。つい
ては，個人情報保護の観点から，真に必要な連携のために用いられるも
のであり，その管理については厳重になされるとともに，これを用いた
情報共有に際しては，保護者の同意を前提とすることは言うまでもな
い。

注釈　本章に記載の事例は，実際の取り組みを参照し再構成した架空の
　　　ものである。

学習課題

1．個別の教育支援計画の活用実践例について，都道府県のウェブサイトなどで公開されている資料を探究してみよう。その上で，それらの記載事項や活用の目的などを比較し，異同について考えてみよう。
2．教育と医療，教育と福祉など，学校教育が連携すべき分野や専門機関などについて，どのような事例があるか考えてみよう。

引用文献

独立行政法人国立特別支援教育総合研究所『「個別の教育支援計画」の策定に関する実際的研究』2006
　https : //www.nise.go.jp/kenshuka/josa/kankobutsu/pub_c/c-61.html（2023.3.28.参照）
文部科学省『個別の教育支援計画の参考様式について』2021
　https : //www.mext.go.jp/a_menu/shotou/tokubetu/material/1340250_00005.htm（2023.3.28.参照）
文部科学省『障害のある子どもの教育支援の手引き〜子どもたち一人一人の教育的ニーズを踏まえた学びの充実について〜』2021
　https : //www.mext.go.jp/a_menu/shotou/tokubetu/material/1340250_00001.htm（2023.3.28.参照）
熊谷修平・菅原裕子・佐々木全「発達障害児の支援ニーズに基づいた学校安全の実践構想─災害時の避難所利用に備える「個別の教育支援計画」活用モデルの構築─」岩手大学大学院教育学研究科研究年報，197-210.2022

15 | 今日的な課題への対応（４）
─学習指導要領の理念の実現に向けて

菊地一文

《**目標＆ポイント**》　現行の学習指導要領で新たに示された「社会に開かれた教育課程」「育成を目指す資質・能力」「主体的・対話的で深い学び」「カリキュラム・マネジメント」の４つのキーワードについて概説する。

　加えて，これらの実現に向けて小・中学校等と同様に知的障害教育においても求められている観点別学習状況の評価の意義や課題について概説し，学習指導要領の理念の実現に向けた方策等について検討する。

《**キーワード**》　社会に開かれた教育課程，育成を目指す資質・能力，主体的・対話的で深い学び，カリキュラム・マネジメント，観点別学習状況の評価

1．学習指導要領改訂の方向性と４つのキーワード

　2017（平成29）年及び2018（平成30）年に告示された学習指導要領では，新たに位置付けられた「前文」に，改訂の理念として「社会に開かれた教育課程」の実現を目指すことが示されている。具体的には「これからの時代に求められる教育を実現していくためには，よりよい学校教育を通してよりよい社会を創るという理念を学校と社会とが共有し，それぞれの学校において，必要な学習内容をどのように学び，どのような資質・能力を身につけられるようにするのかを教育課程において明確にしながら，社会との連携及び協働によりその実現を図っていくという，社会に開かれた教育課程が重要となる」と明示されている。このことから，変化の激しいこれからの社会を児童生徒一人ひとりがよりよく

生きるために，我々自身が社会に目を向け，学校教育の意義やあり方を問い直し，教育活動の充実を図ることが求められていると捉えられる。

　さらに今後目指すべき学校教育の具体的方向性として，学習指導要領では「社会に開かれた教育課程」のほか，「育成を目指す資質・能力」「主体的・対話的で深い学び」「カリキュラム・マネジメント」のキーワード（以下，4つのキーワード）を示し，これらの視点を踏まえた取組の充実を求めている（図15−1）。

図15−1　学習指導要領改訂の方向性の全体像
　　　（文部科学省，2017）

（1）社会に開かれた教育課程

　社会に開かれた教育課程については，中央教育審議会（2016）が示した次の3点の事項が重要であるとされている。

①社会や世界の状況を幅広く視野に入れ，よりよい学校教育を通じてよりよい社会を創るという目標をもち，教育課程を介してその目標を社会と共有していくこと。

②これからの社会を創り出していく子供たちが，社会や世界に向き合い関わり合い，自らの人生を切り拓いていくために求められる資質・能力とは何かを，教育課程において明確化し，育んでいくこと。．

③教育課程の実施に当たって，地域の人的・物的資源を活用したり，放課後や土曜日等を活用した社会教育との連携を図ったりし，学校教育を学校に閉じずに，その目指すところを社会と共有・連携しながら実現させること。

　①〜③の解説事項のうち，③については，知的障害教育においては第12章で概説した「地域協働活動」をはじめとする，児童生徒にとって手応えのある豊かな学習活動を多様に展開し，確かな生きる力を育成するなどの成果を挙げてきたと言える。今後は学習指導要領改訂の趣旨を踏まえ，①②の意識化を図りながら，組織的かつ計画的に教育課程の改善と充実を図っていく必要がある。なお，「社会に開かれた教育課程」と以下に説明する「育成を目指す資質・能力」「主体的・対話的で深い学び」「カリキュラム・マネジメント」は，それぞれ別のものではなく，相互に関連する大事な視点であるということに留意する必要がある。

（2）育成を目指す資質・能力

　中央教育審議会（2016）が答申したいわゆる「育成を目指す資質・能力の三つの柱」は，「何を理解しているか，何ができるか（生きて働く

『知識・技能』の習得）」「理解していること・できることをどう使うか（未知の状況にも対応できる『思考力・判断力・表現力等』の育成）」「どのように社会・世界と関わり，よりよい人生を送るか（学びを人生や社会に生かそうとする『学びに向かう力・人間性等』の涵養）」で構成されており，これらを踏まえバランスよく育成していくことが求められている。したがって特定の教科等だけではなく，教育課程全体を通して「教科等の学習の根底にある学びの力」とされる資質・能力を計画的かつ体系的に育成していく必要がある。

　以上のことを踏まえて，学習指導要領に示す知的障害のある児童生徒に対する教育を行う特別支援学校の各教科（以下，知的障害教育の各教科）の目標及び内容は，小・中学校の各教科と同様に資質・能力の三つの柱を踏まえて整理されている。

　なお，「資質・能力」に関する議論の過程において，資質・能力の具体的な例として，①国語力，数学力などのように，伝統的な教科の枠組みを踏まえながら，社会の中で活用できる力としてのあり方について論じているもの，②言語能力や情報活用能力などのように，教科等を越えた全ての学習の基盤として育まれ活用される力について論じているもの，③安全で安心な社会づくりのために必要な力や，自然環境の有限性の中で持続可能な社会をつくるための力などのように，今後の社会のあり方を踏まえて，子どもたちが現代的な諸課題に対応できるようになるために必要な力のあり方について論じているものを挙げている。これらの資質・能力の捉え方は，主体的・対話的で深い学びの視点から授業の改善を図ることや，カリキュラム・マネジメントを進めていく上でも参考になると考える。

　従前から知的障害教育が重視してきた「生活に生かす」視点や「自立と社会参加」に向けた視点は，「資質・能力」の考え方と「生きる力」

を育成するということにおいて同方向のものと言える。改めて「資質・能力」の考え方を踏まえて授業や教育課程を見直し，改善を図ることで，より充実を図ることが期待される。

（3） 主体的・対話的で深い学び

　「主体的・対話的で深い学び」とは，児童生徒を主体とした，質の高い能動的な学び（アクティブ・ラーニング）を目指した授業改善の視点である。各視点については，上述の答申（2016）で以下のように説明されている。

① 「主体的な学び」の視点

　学ぶことに興味や関心をもち，自己のキャリア形成の方向性と関連付けながら，見通しをもって粘り強く取り組み，自己の学習活動を振り返って次につなげる「主体的な学び」が実現できているか。

② 「対話的な学び」の視点

　子ども同士の協働，教職員や地域の人との対話，先哲の考え方を手掛かりに考えること等を通じ，自己の考えを広げ深める「対話的な学び」が実現できているか。

③ 「深い学び」の視点

　習得・活用・探求という学びの過程の中で，各教科等の「見方・考え方」を働かせながら，知識を相互に関連付けてより深く理解したり，情報を精査して考えを形成したり，問題を見いだして解決策を考えたり，思いや考えを基に創造したりすることに向かう「深い学び」が実現できているか。

　以上の説明から「主体的な学び」は，「なぜ・なんのため」といった目的意識をもち，振り返ること，「対話的な学び」は，多様なヒト・コト・モノと触れることによって自身の考えが広がり，深まること，「深

い学び」は，時間的流れを踏まえ，横断的な関連付けにより，教科等の特質に応じた物事を捉える視点や考え方である，いわゆる「見方・考え方」に迫ることの重要性を示唆しているといえる。これらを踏まえ，学習者視点で授業を捉え直すことによる，児童生徒にとって手応えやつながりのある学習活動の充実が求められている。

④　**知的障害教育における「主体的・対話的で深い学び」の留意事項**

「主体的・対話的で深い学び」については，言語表出に困難のある，いわゆる障害の重い児童生徒への対応について悩むことが少なくないと推察する。この課題については，「障害が重い状態に置かれている」児童生徒をどのように理解し，「なぜ・なんのため」「何を」「どのように」指導・支援を行うのかについて再考することが必要である。以下に留意したいポイントを示す。

a.　対話の双方向性への着目

対話は「思い」や「考え」を伝えるだけでなく，相手の「思い」や「考え」に応じる相互関係が前提となる。したがって「話す」「伝える」側と「聞く」「受け止める」側の双方に目を向ける必要がある。また，対話を量的だけでなく質的に捉えることや，双方向的に捉えることが必要である。

b.　自己内対話としての「思い」「願い」への着目

障害の有無や状態にかかわらず，ヒト・コト・モノ等の外的刺激に対して，児童生徒の中で疑問・共感・推察・確信等の「思い」や「願い」等の「自己内対話」が生じていることを意識する必要がある。

児童生徒の行為が明確な伝達意図をもっているとは必ずしもいえない場面でも，身近な大人が自分への要求伝達と受け止め，それに応じた反応を返す「受け手効果」（鯨岡，1997）や，聞き手となる大人が，児童生徒の行為や素振りから，その思いや気持ちを読み取ることでコミュニ

ケーションが成立する「聞き手効果」(Bates, E., 1975) の視点を踏まえ，応じていくことが求められる。

c．思考を促す「問い」の重要性

児童生徒が「思考・判断・表現」する前提となる「問い」の意義について再考したい。「問い」と「答え」の間に「思考」が生じることを念頭に置き，児童生徒に目を向け，耳を傾け，注意を向け，理解に努めることが大切である。そして児童生徒の回答や反応に対しては「傾聴」や「共感」が肝要となる。

d．心が動く豊かな体験と「振り返り」

知的障害教育が従前から大切にしてきた児童生徒の心が動く豊かな活動には，「できた」「認められた」というやりがいや手応えなどの，たくさんの大事な要素や価値が含まれている。児童生徒がそのことに気づくためには，振り返りが必要である。「体験」は振り返ることにより，見方や考え方に影響し，確かな「経験」となる。教師は児童生徒の取り組みを価値付けていくことが求められる。

e．対話の促進のための具体的方策としての「仕掛け」

児童生徒の意思表出や対話を促進するための環境設定やICTを含むツール等の工夫が求められる。また，教師自身が共感力や応答力を磨くとともに，ファシリテーションスキルを高め，児童生徒間のリーダーとフォロワーの関係にも着目していく必要がある。

（4）カリキュラム・マネジメント

「主体的・対話的で深い学び」の視点を踏まえ，授業の見直しと改善を進めていくと，単独の授業で完結することの難しさが理解され，児童生徒一人ひとりの学びや育ちを捉え，資質・能力の育成を念頭においた指導計画の見直しや教科等横断的な視点でつながりを見直す必要性が確

認されていく。つまり，授業の延長線上には「単元」があり，「年間指導計画」があり，そして「教育課程」があることの意識化が図られる。

　カリキュラム・マネジメントについては，特別支援学校小学部・中学部学習指導要領第1章総則第2節の4において，以下のように規定されている。

> 　「各学校においては，①児童又は生徒や学校，地域の実態を適切に把握し，教育の目的や目標の実現に必要な教育の内容等を教科など横断的な視点で組み立てていくこと，②教育課程の実施状況を評価してその改善を図っていくこと，③教育課程の実施必要な人的又は物的な体制を確保するとともにその改善を図っていくことなどを通して，教育課程に基づき組織的かつ計画的に各学校の教育活動の質の向上を図っていくこと（以下「カリキュラム・マネジメント」という。）に努めるものとする。その際，児童又は生徒に何が身に付いたかという学習の成果を的確に捉え，第3節の3の（3）のイに示す④個別の指導計画の実施状況の評価と改善を，教育課程の評価と改善につなげていくよう工夫すること。」
>
> 　　　　　　　　　　　　　　　　　　　　　　（下線及び番号は筆者）

　以上のことから，カリキュラム・マネジメントとは単なる教育課程の見直しにとどまらず，全ての教育活動の一層の充実を目指すものであるということがわかる。

　なお，①～④のカリキュラム・マネジメントの側面のうち，①～③は小・中学校等の通常の学級と共通のものであり，④が特別支援学校等の独自の側面となる。

　知的障害特別支援学校では，カリキュラム・マネジメントを進めるに当たって，中核となる活動と各教科の単元の関連付け（図15-2）や，横断的な視点を生かした指導（表15-1），単元配列表の作成，学習指導案や年間指導計画における他教科との関連の明示等の工夫がなされている。また，生徒アンケートによる「なぜ・なんのため」「何を」「どの

ように」学びたいかを反映した指導計画などの工夫や取組も進められている。

図15-2は，総合的な学習（探求）の時間で，大学の防災学の専門家の協力を得て「防災学習」を取り扱い，地域住民を受け入れる模擬避難所運営を中核とした取組例である。各教科等の単元で身につけた「知識・技能」を「思考・判断・表現」する活用の場として「防災学習」が位置付き，各教科等における学びが機能的に関連付けられている。また，カリキュラム・マネジメントの側面①〜④が確かに関連付くことがわかる。

表15-1も横断的な視点を生かして単元を関連付けた例である。このように教科別の指導では横断的な関連付けが必要である。

いずれの場合も学んでいるのは児童生徒ということを踏ま

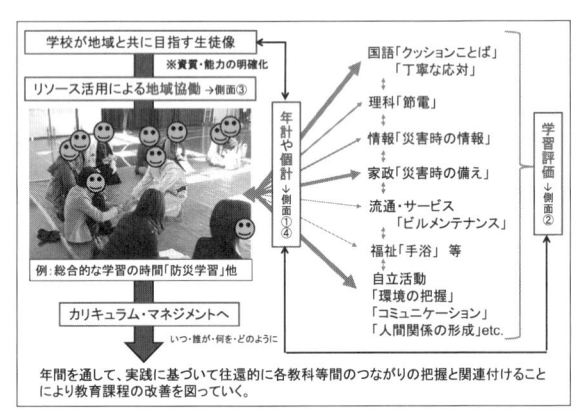

図15-2　中核となる活動と各教科の単元の関連付け

表15-1　横断的な視点を生かした指導

各教科	主な内容
社会	スポーツの歴史・報道，地図の活用によるコース把握
数学	時間・速さ・距離，ボランティア時間，必要なタオル枚数
理科	人の身体のつくりと働き（呼吸・消化・循環）
外国語	外国人との挨拶，応援や励ます表現
職業	ボランティアの意義
特別活動	地域における国際マラソンへのボランティア協力

※これらは各教科等を合わせた指導としても展開が可能
　太枠は中核となる位置付けのもの

え，本人にとっての必然性や必要性を踏まえた文脈づくりに留意する必要がある。このことは教科別の指導の場合も各教科等を合わせた指導の場合も同様であり，教育課程全体を視野に入れ，指導の形態を越えた関連付けが肝要となる。

　このように学習指導要領が示す4つのキーワードは知的障害教育が従前から大切にしてきたことを再確認する機会になるとともに，現在の学校現場が有する授業実践や教育課程等の諸課題の解決を図り，さらに充実を図っていくための重要な視点を示している。

2．学習評価の意義と効果的活用

（1）観点別学習状況の評価の意義

　中央教育審議会（2016）による答申では，「学習評価については，子供の学びの評価にとどまらず，『カリキュラム・マネジメント』の中で，教育課程や学習・指導方法の評価と結び付け，子供たちの学びに関わる学習評価の改善を，更に教育課程や学習・指導の改善に発展・展開させ，授業改善及び組織運営の改善に向けた学校教育全体のサイクルに位置付けていくことが必要」とし，学習評価に関わる取り組みをカリキュラム・マネジメントに位置付ける必要性について言及している。

　本答申を踏まえ，上述した4つのキーワードを踏まえた教育の一層の充実を図るために，観点別学習状況の評価（以下，観点別評価）の適切な実施が求められている。

　観点別評価では，児童生徒一人ひとりの学習状況について，目標に準拠した評価として学習指導要領に示されている内容を踏まえ，育成を目指す資質・能力の三つの柱を踏まえた「知識・技能」「思考・判断・表現」「主体的に学習に取り組む態度」の三観点で評価することとしている。

　観点を踏まえた学習のプロセスを含む多面的・多角的な見取りによっ

て一人ひとりの学びを捉え，フィードバックすることにより，児童生徒の学びに向かう意欲を高めるとともに，授業等の改善を図るものが学習評価である（図15－3）。

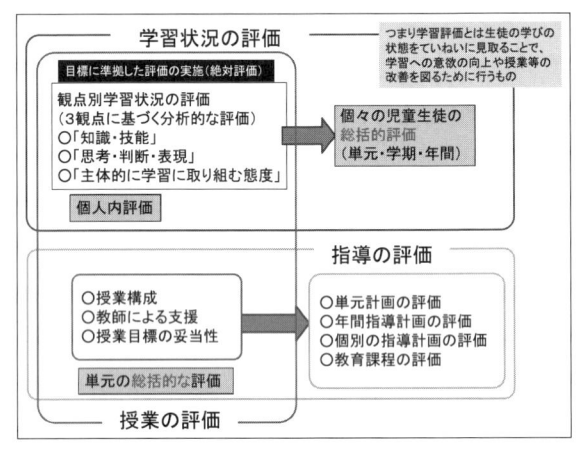

図15－3　学習評価の基本的な枠組み

つまり学習評価の目的は，第一には児童生徒の学びや育ちの把握と適切なフィードバックによる学習意欲の喚起が挙げられ，第二には評価結果を基にした授業及び単元，教育課程の改善が挙げられる。

（2）知的障害教育における観点別評価の必要性

従前から知的障害教育においては，教科別の指導や各教科等を合わせた指導など，児童生徒の実態等に応じて，それぞれの学校において柔軟かつ適切に教育課程が編成されてきた。

そしてインクルーシブ教育システムの時代となり，現行の学習指導要領では連続した多様な学びの場における「学びのつながり」が重視されてきていることから，各教科等を合わせた指導においても，取り扱う教科の目標や内容や，育成を目指す資質・能力の明確化がより求められている（図15－4）。

たとえば，中学部の生徒が風力やゴムの力で動くおもちゃを作って，幼稚園児に楽しんでもらうといった生活単元学習に取り組んだとする。ここでは，単に物作りと遊びに終始せず，理科の内容が十分に取り扱われることになる。生徒たちは自分で作って活動して身につけた「知識・技能」を相

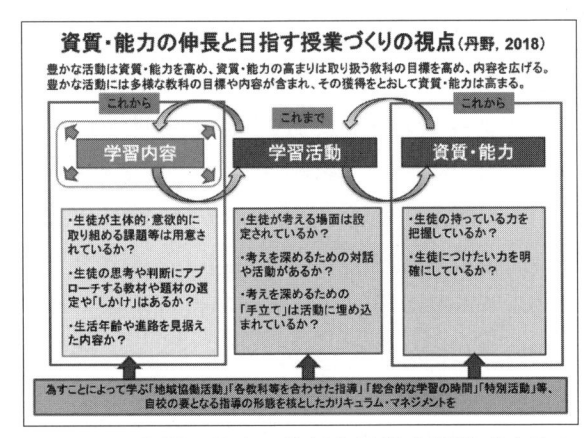

図 15-4　資質・能力の伸長と目指す授業づくりの視点
※国立教育政策研究所プロジェクト研究報告書「資質・能力を育成する教育課程の在り方に関する研究報告書1」第4章（平成27年3月）を参考に筆者が作成

手に楽しんでもらうために「思考・判断・表現」していく。そして，幼児が楽しめるように試行錯誤しながらよりよく関わろうとし，「主体的に学習に取り組む態度」が育まれていく。

　このように，観点別学習評価の考え方は，知的障害教育が従前から大切にしてきた児童生徒を中心とした，手応えのある豊かな学習活動を否定するものではない。改めて各教科等の内容や資質・能力を踏まえ，分析的に捉えることや，学習活動を適切に関連付けていくことにより，学びの広がりや深まりにつなげるなど，一層の充実を図るために必要なものである。このことは，学習指導要領の趣旨を踏まえ，4つのキーワードを実現していく上でも重要である。

（3）観点別学習状況の評価の課題と対応方策

① 知的障害があることによる評価の難しさ

　観点別評価の実施において，知的障害のある児童生徒の場合，「思考・判断・表現」の評価が難しいという認識が散見される。また，「思考力・判断力・表現力等」の育成は知的障害教育における求められる専門性（横山ら，2022）の一つとされ，課題となっている。さらには，障害の有無や学校種別にかかわらず，「主体的に学習に取り組む態度」の評価の難しさが指摘されている。

　従前から知的障害教育は「為すことによって学ぶ」ことを重視し，「行動的理解」の視点から学習したことが身につくことを大切にしてきた。その一方で，学習活動の中で「思考・判断・表現」面の育ちが表れていても，教員側の見方や捉えが「知識・技能」面に限定されていると，見過ごしてしまうことがあり得る。行動に表れる過程で「思考・判断」がなされていることを十分に考慮するとともに，3観点を意識し，これらの伸張を踏まえた指導計画の工夫を図ることが必要である。

　また，「主体的に学習に取り組む態度」の姿を捉えるためには「できる・できない」といった結果だけにとらわれず，「キャリア発達」の考え方を踏まえることや，児童生徒一人ひとりの「思い」や「内面の育ち」に着目した取り組みを参考とすることが有効であると考える。改めて授業研究等を通して児童生徒の姿を「見取る力」を高めるための学び合いを積み重ねていくことが求められる。

② 各教科等を合わせた指導における評価

　各教科等を合わせた指導は，多様な実態差が見られる，知的障害のある児童生徒の学習上の特性を踏まえた効果的な指導方法の一つであり，知的障害教育における代表的な指導の形態として長年にわたって実践され成果を挙げてきた。その一方で，各教科等の内容の取り扱いが不明確

であることや，一貫性や系統性の課題等が指摘されている。

　学習指導要領が示す４つのキーワードや観点別評価の視点を踏まえることは，各教科等を合わせた指導の本質に迫ることにつながる。まさにこれらを踏まえた実践は「為すことによって学ぶ」ことの有効性や，学ぶ場や教科等の枠組み，そして指導の形態を越えて「学びをつなぐ」ことの有効性・重要性を改めて証明すると考える。

　各教科等を合わせた指導において観点別評価を効果的に実施するためには，まず，各単元において取り扱う各教科等の内容を明確にした上で，資質・能力との関係を考慮し，各観点を踏まえた目標を設定することが必要である。

　そのためには，まず学校教育目標の共有と実現に向けての意識化が必要であり，次いで各教科等の年間指導計画の作成，単元計画や評価計画の立案，そして実践と同時に児童生徒の学びや育ちの見取り，分析的・総括的な学習評価，評価結果の次単元や年間指導計画，教育課程等への反映といった一連のプロセスを改めて再確認し，組織的に共通理解を図っていくことが必要となる（図 15 − 5）。

　この中で，実践する上での主な課題は，図に示す①②の段階と推察される。各教科等を合わせた指導の実践においては，各教科の内容を踏まえることが必要であり，かつ取り扱う内容が児童生徒にとって必然性や必要性のある学習活動として展開される必要がある。つまり①②の往還的な検討が必要なのである。

　また，各教科等を合わせた指導が教育課程の一部として位置付くことを考えると，その前提として学校教育目標の共有と実現に向けての意識化が不可欠である。さらに授業実践における個別最適化を図り，実践を通して捉えた児童生徒の育ちや改善の視点を教育課程改善につなげていくためには，③⑤が肝要となる。この課題については次で触れる。

学校教育目標の共有と実現に向けての意識化

①実態を踏まえた教育内容の把握　　**②実態を踏まえた学習活動の構想**

各教科等の内容の選択・組織　　　　　生活活動を踏まえた学習活動の構想

・自立と社会参加という目標に向けた「育てたい力（competency）」を踏まえるとともに、児童生徒のライフステージ及び発達の段階に応じて必要な各教科等の内容を把握する。（小・中・高各学部段階等におけるまとまり）

・学習指導要領に示された各教科等の内容に即して、個別の指導計画において指導内容を各教科等別に個別に選択・組織する。

※取扱う各教科等の内容を把握し、学科・コース・学部、学年等において取扱う内容を整理し組織的に確認することが必要（本段階で各教科等の概ねの年間指導計画が構想されることになる）。

・①で把握した内容を含む生活活動を児童生徒のライフステージや興味・関心を踏まえた学習活動として構想する。

・学習指導要領に示された各教科等の内容に即して、学習活動を総合的・実際的な活動として把握し、構想する。

※①教育内容と②生活活動は、往還的な関係である。即ち①で把握した各教科等の内容は②で構想した学習活動に総合的・実際的に含まれ、②で構想した学習活動は、総合的・実際的な生活活動であることから、社会生活で必要とされ発揮される①の内容を含む。

③年間指導計画及び単元指導計画の作成　指導計画の作成　評価規準（及び評価基準）の作成

・②で構想した学習活動を単元化（主として遊びの指導、生活単元学習、作業学習を想定）、あるいは段階化（主として日常生活の指導を想定）し、年間及び単元における全体の指導計画を作成する。

・その際、各教科等を合わせた指導の全体の授業目標及び内容に基づき、児童生徒が個別に習得すべき内容（社会生活で必要とされ、発揮される内容）を各教科等別に明確化し、個別の指導計画に目標及び内容を明記する。

・上記のことを各単元レベルで具体化するとともに、単元指導計画において「知識・技能」「思考・判断・表現」「主体的に学習に取り組む態度」等の観点を踏まえた評価規準（及び評価基準）を作成する。

④各単元における授業の実施　個々の目標の達成・内容の習得に必要な具体的な指導・支援

・授業を実施する。その際、協働的で総合的な学習活動（日常生活の指導における身辺処理等に関する学習活動等では個別的な学習活動）を展開しながら、「育てたい力（competency）」の育成を目指した個々の目標の達成・内容の習得に必要な指導・支援を行う。

※ここで個々の学習状況に応じた変更や調整、改善が図られていることに留意。記録と次単元への反映が必要。

⑤授業及び単元等の評価及び改善　学習評価に基づく見直しと改善①

・授業全体の目標達成状況について目標に準拠して評価するとともに、その過程における個々の学習の達成状況について（個別の指導計画に即して）個々の目標及び内容に基づいて、「知識・技能」「思考・判断・表現」「主体的に学習に取り組む態度」等の観点を踏まえて評価し、授業改善につなげる。

・同様に単元等においても評価結果を基に形成的な見直しと改善が図られるとともに、単元終了時には総括的な見直しと改善が図られることになる。

⑥年間指導計画の評価及び改善　学習評価に基づく見直しと改善②

⑦教育課程の評価及び改善　学習評価に基づく見直しと改善③

・①～⑥の取組は、指導の形態（教科別の指導や各教科等を合わせた指導）ごとに行われるとともに、これらの結果は教育課程全体をとおして関連付けられ、いわゆる「カリキュラム・マネジメント」がなされていくことになる。

・なお、特別支援学校（知的障害）においては、いわゆるキャリアの観点（特総研，2010）を参考とした「育てたい力」や、組織的・体系的な学習評価の方案（特総研，2015）を活用した取組が普及され、既に学習指導要領改訂の趣旨を踏まえた取組が進められてきている。

図15-5　各教科等を合わせた指導における指導計画作成から学習評価の実施と活用に至るまでの一連のプロセス（菊地，2022）

③　年間指導計画と個別の指導計画の関連付け

　学校現場においては，各教科等の年間指導計画を作成するほか，児童生徒一人ひとりの障害の状態等に応じたきめ細かな指導が行えるよう，より具体的に一人ひとりの教育的ニーズに対応した指導目標や指導内容・方法等を盛り込んだ個別の指導計画が作成されている。

　個別の指導計画には，各教科等の個別の指導計画と自立活動の個別の指導計画があり，これらは学校における教育課程や各教科等の年間指導計画，個別の教育支援計画等を踏まえて作成する必要がある。しかしながら，実際には年間指導計画と個別の指導計画は，それぞれに作成し，評価していることが多く，十分に関連付けが図られ，活用されているとは言いがたい。

　このことは，学校現場における課題の一つとして，個別の諸計画の活用が挙げられていることに加え，各教科等の授業における指導の個別最適化を図る上でも解決すべき課題であると考える。

　なお，この課題の解決は，カリキュラム・マネジメントの側面の②④の効果的実施にもつながるものと捉えられるため，今後，年間指導計画と個別の指導計画の効果的な関連付け（図 15−6）を検討し，諸課題の解決を図っていく必要がある。改めて「授業」「単元」「年間指導計画」等に関す

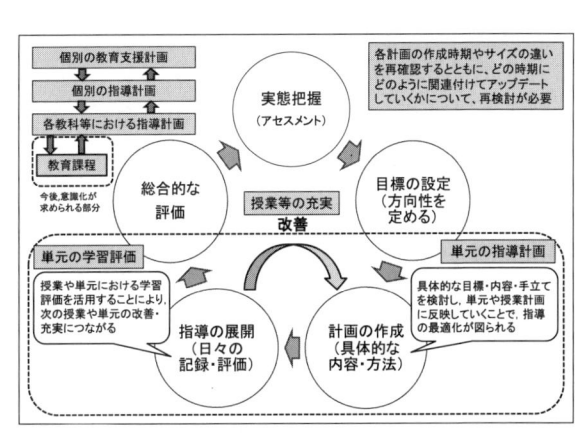

図 15−6　個別の指導計画と単元指導計画の関連付け（菊地，2023）

る計画の作成・評価時期を意識することが求められる。これらはサイズの違いこそあれども，全て「教育課程」の一部であり機能させていく必要がある。

　なお，特別支援学校や特別支援学級に在籍する児童生徒及び通級による指導を受ける指導生徒に対しては，個別の指導計画の作成と活用が義務となっている。また，通常の学級に在籍する障害等のある児童生徒に対しては作成と活用が努力義務となっていることにも留意したい。

学習課題

1．知的障害のある児童生徒の「主体的」「対話的」「深い」学びの姿を「具体的に」考えてみよう。
2．知的障害のある児童生徒が授業の中で「知識・技能」「思考・判断・表現」「主体的に学習に取り組む態度」を発揮する姿について「具体的に」挙げてみよう。
3．生活単元学習や作業学習，総合的な学習の時間，特別活動など，中核となる活動を捉え直し，その中に含まれる各教科等の内容や関連付く各教科等の内容等のつながりについて考えてみよう。

引用文献

1）Bates, E., Camaioni, L. & Volterra. V. The acquisition of performatives prior to speech, Merrill-Palmer Quartely, 21 (3). 1975
2）中央教育審議会『幼稚園，小学校，中学校，高等学校及び特別支援学校の学習指導要領等の改善及び必要な方策等について（答申）』2016
3）中央教育審議会初等中等教育分科会教育課程部会『児童生徒の学習評価の在り

方について（報告）』2019

4）文部科学省『特別支援学校幼稚部教育要領　小学部・中学部学習指導要領』海文堂出版.　2017

5）文部科学省『特別支援学校教育要領・学習指導要領解説　総則編（幼稚部・小学部・中学部）』開隆堂出版.　2017

6）文部科学省『特別支援学校学習指導要領解説　各教科等編（小学部・中学部）』開隆堂出版.　2017

7）文部科学省『行政説明資料』2017

8）菊地一文「主体的・対話的で深い学びとキャリア発達支援」特別支援教育研究，751，東洋館出版社，pp.2-7.　2020

9）菊地一文「特別支援学校（知的障害）高等部におけるキャリア発達の視点を踏まえた単元づくりと学習評価に関する予備的研究—教育課程及び指導の形態の違いに着目して—」弘前大学教育学部紀要 129.　pp.125-135.　2023

10）菊地一文・藤川雅人「知的障害教育における単元づくりから学習評価までのプロセスにおける課題の検討—促進要因と阻害要因等の把握及び児童生徒の学びの姿の見取りに関するアプローチ—」弘前大学教育学部紀要 130，pp.95-101.　2023

11）鯨岡峻『原初的コミュニケーションの諸相』ミネルヴァ書房.　1997

12）丹野哲也・武富博文『知的障害教育におけるカリキュラム・マネジメント』東洋館出版社.　2018

13）横山孝子・平川泰寛・丹野哲也・長江清和・坂本征之「学校現場の課題と今後の解決方策.　特集　知的障害教育の本質と不易流行〜オーセンティックな学びの追求〜」特別支援教育研究 No.775，東洋館出版社，pp.18-25.　2022

14）全日本特別支援教育研究連盟「特集　単元にこだわる〜単元構想から学習評価まで〜」特別支援教育研究，779，東洋館出版社，pp.3-32.　2022

15）全日本特別支援教育研究連盟「特集「観点別学習状況の評価」で児童生徒の次の学びに向かう意欲を高める」特別支援教育研究，780，東洋館出版社，pp.3-32.　2022

索　引

●配列は五十音順。

分担執筆者紹介

（執筆の章順）

坂本　裕 （さかもと・ゆたか）

・執筆章→2・3・9

1960年	熊本市に生まれる
1974年	熊本大学教育学部養護学校教員養成課程卒業
1991年	熊本大学大学院教育学研究科終了
2004年	博士（文学）（安田女子大学）
職歴	熊本大学教育学部附属養護学校等の教諭，
	九州ルーテル学院大学人文学部専任講師，
	岐阜大学教育学部助教授　同准教授，
	岐阜大学大学院教育学研究科准教授を経て
現在	岐阜大学教育学部教授
	兵庫教育大学大学院連合学校教育学研究科教授（併任）
専門分野	知的障害教育・特別支援学校教育課程
主な著書	遅れのある子どもの身辺処理支援ブック明治図書　2014年
	特別支援教育を学ぶ［第3版］（代表編集）ナカニシヤ出版　2016年
	合理的配慮をつなぐ個別移行支援カルテ（編著）明治図書　2017年
	新訂2版　特別支援学級はじめの一歩（編著）明治図書　2020年
	特別支援教育ベーシック（編著）明治図書　2021年

菊地一文（きくち・かずふみ）

・執筆章→ 10・12・15

1970年	青森県に生まれる
1992年	北海道教育大学教育学部養護学校教員養成課程卒業
2005年	弘前大学大学院教育学研究科修了
職歴	国公立養護学校（特別支援学校）教諭，国立特別支援教育総合研究所主任研究員，青森県教育委員会指導主事，植草学園大学発達教育学部准教授を経て
現在	弘前大学大学院教育学研究科教授
専門分野	知的障害教育，キャリア教育
主な著書	実践キャリア教育の教科書—特別支援教育をキャリア発達の視点で見直す—（編著）学研教育出版　2013年 気になる子どものキャリア発達支援（編著）学事出版　2016年 キャリア発達支援研究 1 〜10（共編著）ジアース教育新社　2013〜2024年 知的障害教育における「学びをつなぐ」キャリアデザイン（監修）ジアース教育新社　2021年 確かな力が育つ知的障害教育「自立活動」Q&A　東洋館出版社　2022年 これからの特別支援教育はどうあるべきか（共著）東洋館出版社　2023年

佐々木　全 （ささき・ぜん）

・執筆章→ 13・14

1975年	岩手県に生まれる。
1998年	岩手大学教育学部養護学校教員養成課程卒業
2000年	岩手大学大学院教育学研究科修了
職歴	岩手県立盛岡みたけ支援学校，岩手県立紫波総合高等学校等の教諭を経て
現在	岩手大学大学院教育学研究科（専門職学位課程）准教授
専門分野	知的障害教育
主な著書	特別支援教育　青年期を支える「日常生活の指導」Q&A（分担執筆）東洋館出版社　2012年 知的障害教育の授業づくり AtoZ　子ども主体の知的障害教育の理論と実践を巡る語り合い（編著）ジアース教育新社

編著者紹介

佐藤愼二 （さとう・しんじ）

・執筆章→ 1・8・11

1959年	東京都品川区に生まれる
1982年	明治学院大学社会学部社会福祉学科卒業
2003年	千葉大学大学院教育学研究科修了
職歴	千葉県内の知的障害養護学校（現在の特別支援学校），小学校に23年間勤務
現在	植草学園短期大学特別教授
専門分野	通常の学級における特別支援教育　知的障害教育・指導法
主な著書	今日からできる！通常学級ユニバーサルデザイン—授業づくりのポイントと実践的展開　ジアース教育新社　2015年
	逆転の発想で魔法のほめ方・叱り方　東洋館出版社　2017年
	「気になる」子ども　保護者にどう伝える？　ジアース教育新社　2017年
	入門　自閉症・情緒障害特別支援学級—今日からできる！自立活動の授業づくり—　東洋館出版社　2019年
	知的障害特別支援学校—子ども主体の授業づくりガイドブック　東洋館出版社　2020年
	今日からできる！発達障害通級指導教室—子どもの社会性を育てる授業のアイデアと「学習シート」274—　ジアース教育新社　2020年
	今日からできる！小学校の交流及び共同学習—障害者理解教育との一体的な推進をめざして—　ジアース教育新社　2021年
	通常学級の『特別』ではない支援教育—校内外支援体制・ユニバーサルデザイン・合理的配慮—　東洋館出版社　2022年
	小学1年生の特別支援教育　ユニバーサルデザインと合理的配慮でつくるやさしいスタート　明治図書　2024年

高倉誠一（たかくら・せいいち）

・執筆章→ 4・5・6・7

1971年	福岡県に生まれる
1995年	宇都宮大学教育学部養護学校教員養成課程卒業
1997年	千葉大学大学院教育学研究科終了
職歴	東京都知的障害者育成会勤務，植草学園短期大学講師，同准教授を経て
現在	明治学院大学社会学部社会福祉学科准教授
専門分野	知的障害教育の教育課程と指導法
主な著書	特別支援教育のための知的障害教育・基礎知識 Q&A（分担執筆）ケーアンドエイチ社　2007年

特別支援の「子ども理解」（監修）ケーアンドエイチ社　2012年

はじめてのインクルーシブ保育（共編著）合同出版　2016年

生活単元学習・作業学習の進め方 Q&A 改訂版（分担執筆）ケーアンドエイチ社　2018年

特別支援教育　学級で取り組む生活単元学習（編著）ケーアンドエイチ社　2021年

知的障害特別支援学級と生活単元学習〜教育課程の理解から授業づくりまで〜（共編著）ケーアンドエイチ社　2023年

これからの特別支援教育はどうあるべきか（共著）東洋館出版社　2023年

放送大学教材　1529790-1-2511（ラジオ）

知的障害教育総論

発　行　　2025 年 3 月 20 日　第 1 刷

編著者　　佐藤愼二・高倉誠一

発行所　　一般財団法人　放送大学教育振興会
　　　　　〒 105-0001　東京都港区虎ノ門 1-14-1　郵政福祉琴平ビル
　　　　　電話　03（3502）2750

Printed in Japan　ISBN978-4-595-32503-8　C1337